改善伴侣关系的 12 项练习

先解决情绪，再解决问题

［美］托帕兹·阿迪泽斯（Topaz Adizes）/ 著

周美言 / 译

中信出版集团｜北京

图书在版编目（CIP）数据

先解决情绪，再解决问题：改善伴侣关系的 12 项练习 /（美）托帕兹·阿迪泽斯著；周美言译 . -- 北京：中信出版社，2025.9. -- ISBN 978-7-5217-7571-6

Ⅰ . C913.1-49

中国国家版本馆 CIP 数据核字第 2025GD2552 号

12 QUESTIONS FOR LOVE by Topaz Adizes
Copyright © 2024 by Topaz Adizes
Published by arrangement with Sasquatch Books
through Taryn Fagerness Agency and Bardon Media Management Agency LLC
Simplified Chinese translation copyright © 2025 CITIC Press Corporation
ALL RIGHTS RESERVED
本书仅限中国大陆地区发行销售

先解决情绪，再解决问题——改善伴侣关系的 12 项练习
著者：　　［美］托帕兹·阿迪泽斯
译者：　　周美言
出版发行：中信出版集团股份有限公司
　　　　　（北京市朝阳区东三环北路 27 号嘉铭中心　邮编　100020）
承印者：　保定市中画美凯印刷有限公司

开本：880mm×1230mm 1/32　印张：7.75　字数：165 千字
版次：2025 年 9 月第 1 版　　　　印次：2025 年 9 月第 1 次印刷
京权图字：01-2025-2953　　　　　书号：ISBN 978-7-5217-7571-6
　　　　　　　　　　　　　　　　 定价：59.00 元

版权所有·侵权必究
如有印刷、装订问题，本公司负责调换。
服务热线：400-600-8099
投稿邮箱：author@citicpub.com

献给

我的母亲特里亚,您教会我正直

我的父亲伊查克,您教会我热情

我的继母尼里,您教会我艺术

我的妻子伊卡里,你教会我亲密

我的两个孩子,科斯莫斯和利拉·奥希阿纳,
我仍需从你们身上学习

目录

推荐序 V

序言 IX

导言： 这段旅程从何而起 001

/ 第一部分　工具 /

停止寻找答案： 创造更好的问题	025
好问题是如何构成的	033
如何创造安全的对话空间	044
深度倾听	052
情感表达	059

/第二部分　12 项练习/

珍藏的三幕：	那些让我们反复回味的共同记忆	068
初见的模样：	第一印象的演变轨迹	077
最近的时刻：	心灵共振的瞬间与缘由	086
未言之事：	那些欲言又止的沉默与顾虑	095
关系的试炼：	当前挑战背后的成长课题	108
隐形的付出：	未被看见的牺牲与价值	120
疗愈的渴望：	我想为你抚平的伤	131
遗憾的交叉点：	但愿从未发生的那段经历	142
共同成长：	你教会我的那些事	152
未来的期待：	最想与你共赴的下一场冒险	161
若这是终章：	希望永远留在你心底的话	172
爱的理由：	关于为什么是你的终极答案	185

/第三部分　在你开始之前/

解决纷争：	如何重回正轨	195

结论和其他要点 210

附录：进一步的问题 223

致谢 229

推荐序

——索尼娅·蕾妮·泰勒

活动家,《纽约时报》畅销书《身体无罪》(The Boby is not an Apology)作者

2018年的一个夏夜,我和妹妹、妯娌等人在一家令人昏昏欲睡的小餐馆坐下,她们俩分别坐在自己丈夫的对面。我们每个人从服务员顺着桌面滑过来的破旧菜单上点了一些午夜早餐[1]。我们刚刚跳了一晚上的舞,准备美美地享用一点消夜,这时妹妹珍妮拿出手机宣布道:"让我们来玩一个提问游戏吧!"珍妮素有不合时宜地倡议大家玩那种会使人感到尴尬的对话游戏的癖好,但那个时候大家都已经累到无力拒绝。在三个很有分量的问题之后,我忽然意识到自己玩过这个游戏。"这个游戏叫什么名字?"我

---

[1] 通常指在午夜之后吃的一顿饭。它通常与非正式的聚会或事件有关,比如深夜学习或聚会。——译者注

在珍妮提问的空当问她。"好像是 {THE AND}[1] 吧！"她在新一轮提问之前回答道。

我和托帕兹相识于 2017 年年末。我们俩当时都是新西兰社会影响力奖学金的首批入选者。作为两个羽翼未丰，但都一心想探寻人们获得真正的亲密关系过程的创业者，我们很快成为知己。我 10 多年来一直致力于以自我探索为手段，来获得彻底的自爱，也就是我们与生俱来的自我价值感和神性。托帕兹则是通过他的数字媒体平台 The Skin Deep 和一个名为 {THE AND} 的项目中的独特问题，来带领我们走向人与人之间更深层的亲密关系。我们俩都明白，无论是个人成长还是社会的繁荣，关键都在于贴近自我，也贴近彼此。当今世界的许多问题和痛苦境遇都是关系严重断裂的后果。我们害怕了解和被了解，因此不会去问那些粉碎我们的自我幻想和社会幻想的问题。我们也害怕那些可能会挖出创伤故事的严肃问题，因为疗愈让人心生畏惧。我们会避免询问那些揭露我们关系中裂痕的棘手问题，因为我们相信这会让我们形单影只，得不到爱。而这些逃避的唯一结果是，我们失去了超越生存现状的丰富可能性。我们忽略了真正的联结中必然存在的魔法，甘愿停留在亲密关系的仿制品中，满足于表面的亲密。我欣赏托帕兹的是，他总是知道，如果我们开始真正对彼此坦诚相待，

---

[1] {THE AND}，即"和"，是作者在其创建的数字媒体平台 The Skin Deep 上制作的互动式情感体验项目，该项目旨在通过对话卡片游戏促进人与人之间的深层交流。——编者注

就会发现，我们每个人的内心都有更美好的东西。我知道，如果我们能够开始对自己讲真话，就可能发生更美好的事情。《先解决情绪，再解决问题》是托帕兹·阿迪泽斯作为出色的引导者所提供的一项练习，托帕兹给我们构筑起安全场域，让坦诚的对话自然浮现。当我们一起练习、不断鼓起勇气时，难道不值得拥有这么温和友善的指导吗？我认为当然值得！

我已经记不得那一晚我到底吃了什么，但是我清晰地记得我告诉妹妹我对她的欣赏，还听到我的叔叔对婶婶说，"你带来了我们关系中最美好的礼物"。我也记得，和一起走进这家餐馆之前相比，我感觉和他们每个人都有了更真实的联结。我那情感充沛的妹妹从手机里找到的一连串问题，在我们之间开辟出一片让爱更深栖居的空间。正是为了在我们的世界里打开这样的空间，这本书才如此必要。愿这些问题可以敲开你和你所爱之人的心门，并令它永不关闭。

序言

你有过这样的经历吗：在自己深爱的人面前，却感到无话可说？这样的沉默并不意味着你不关心对方，也不意味着你不愿与之建立联结，只是表明你无法用言语来表达你和对方关系的深度或质量。又或者，你是否发现自己和所爱之人的对话进入了一种循环？那感觉就像是无数次踏上同一条道路，让人精疲力竭。更糟糕的是，这种情况正在破坏你们之间的关系。

你有没有在深陷爱河时想要建立更深的联结，却找不到方法或经验来帮助你创造你所感知到的更美好的新境界？

你有过这样的经历吗：你渴望更深层次的交流，但又担心自己的坦率会把对方推开；你想要一段更加深入的关系，触及更为本质的层面，但又担心最终会失去一切？

你是否质疑过亲密关系的价值，或者思考亲密关系到底意味着什么？它的本质是什么？它是如何影响一个人的生活的？你会如何创造、维持它？还有一个更基本的问题：它能带来什么回报？

那么我要说：欢迎阅读本书。

你能读到眼前这些文字是有原因的。无论这本书是怎么来到你手中的，都说明在内心的某个地方，你正渴望着以一种新的方式去体验爱、联结与亲密关系。我希望你已经准备好深入探究，并愿意接纳更深层关系所带来的变革性力量，因为这正是你需要的。

******

过去十年间，我一直在通过艾美奖获奖项目 {THE AND} 来研究和观察对话中各种类型、各种关系的人。不仅如此，我还精心设计了让人们可以进行强有力的、宣泄性对话的空间。我提出问题来激发参与者的种种感受。我还提供训练，让他们为不同性别，来自不同社会、经济和文化背景的人营造这样的空间，写下问题，并最终创造出这些震撼的时刻，让人们可以用全新而深刻的方式联结在一起。

我曾投入数千小时来观看人们的对话录像,并得到成长。我从中了解了人们的状况,以及他们热烈盼望与他人建立真实、不加矫饰的联结。我了解到无论我们是否知晓,我们的内心都在渴望着那种联结。我还了解到,问题可以改变一个人的全部视角,从而改变一个人的人生体验。我知道了在我们的文化中,向彼此呈现自身的脆弱是多么富有挑战,也知道了如果我们可以这么做,将会带来怎样的回报。我还知道了真正的倾听看起来是怎样的。我学习到一颗心生来就是要去爱的,但是需要穿越崎岖难行的险路才能找到与之相爱的另一颗心。我了解到,每一段关系之中都有其独特的空间,如果能加以利用,就会为成长带来滋养,并将关系提升到更高的层次,提醒我们活着的意义和美好。

这些学习改变了我。它们让我对自己的人生旅程有了更多了解,正是它将我带到这里。

我将毫无保留地分享我从对上千场对话的观察中所汲取到的一切,以及我个人经历的教训。你可以从本书中带走用于深化你和重要之人的关系的工具。正如夫妻关系治疗师、畅销书作者埃丝特·佩瑞尔所说:"关系的品质决定了生命的品质。"

但是,关系的品质到底由什么决定呢?我认为,它是由我们和伴侣之间的交流决定的,由当我们和所爱之人在一个共享空间里对话时,我们逐渐深化的关系和自然涌现的联结决定的。那么,是什么决定了这些对话的品质，又是什么让它们可以为我们提供一个探索、发现和联结的空间？答案是：带出这些对话的问题的质量。

******

接下来我将为你带来 12 个富有意义且强有力的问题，并提供一些工具来创造对话空间，让你可以有理有据地回答这些问题，从而与伴侣建立更紧密的联系。

谢谢你，非常感恩你的到来。

现在，我邀请你去探索关系中的空间。

导言：这段旅程从何而起

在生命的大部分时光中我们都在寻找答案。在西方社会里，我们就是被教育去这样做的。我们所生活的这个世界里，只有那些取得成果的人才会得到奖励。我们对"伟大"的定义不可避免地与"成就"，而非"探索"相关联。但是，如果我们花时间去质疑"我们的社会或我们自身首先想要完成的是什么"，会发生什么？如果有更多人问，"我如何为子孙后代创造一个更美好的世界"，而不是问"我怎样赚更多的钱来留给家人"，想象一下这将带来多大的不同。我认为第一个问题的答案将会把整个人类带向一个不同的、更可持续发展的轨道。如果我们先将注意力转移到我们提出的问题上，然后让这些深思过的问题的答案开花结果，我们的世界会变成什么样子？

我亲眼见证过"我们问出的问题，远比我们寻找的答案更为重要"。毕竟，每一个答案都产生于它的问题。因此，问出富有洞见的问题只会让我们获得更好、更有帮助的答案。重新思考我们问自己的问题，可以治愈社会问题，保护环境，解决政治上的两极分化，甚至拯救这个世界吗？我的确这么认为。但关于为整个社会创造出供我们自问的、更理想的问题，我还没有经验，起码目前还没有。我的专长是提出强有力的问题来创建更深层次的联结，重新探索、强化人的自我意识，为恶化的关系重新注入活力；而且，我敢说，也可以疗愈伤痛。因此，虽然我不确定将我们的注意力转到问题而非答案上，是否一定能够拯救世界，但是多年来的切身经验让我毫无疑问地知道，提出更好的问题可以引导我们更深入地理解亲密关系，并为未来的旅程开辟一条崭新的、更有生命力的道路。

******

追寻亲密关系是我人生之旅的一个重要主题。这份追寻源自差不多 40 年前的一个问题。那时候我只有 4 岁，正在和弟弟一起玩耍，当时我们住在父亲家里，我的母亲要过来接我们兄弟俩出去吃节日晚餐。当时我和弟弟对父母离异带来的困扰已经很适应了。我俩经常穿梭于父母各自的家，其间还要去见法院指派的心理治疗师，因为法官正在评估适宜我们的监护计划。用"乱作一团"来形容我父母的这场离婚恰如其分。

我和弟弟正在房间里玩玩具时,父亲心烦意乱地走了进来,说我们的母亲马上就要过来接我们,但是他很想和我们一起过节,现在他不知道该怎么办才好。为了给父亲解难,我建议他写一份协议,约定如果母亲这次和我们过节,那下一次就该父亲了。

"好主意,"父亲说,"这份协议具体要怎么写呢?"

如今来看,当年我父亲为什么会问他的孩子这个问题,为什么会把写这份协议的责任放在我身上?谁知道呢。但不管怎样,我,这个当年仅4岁的孩子,还真就开始向父亲口述这份协议。很快,我听到汽车开入车道时碾轧碎石的声音,我知道那是母亲那台黄色的奥兹莫比尔旅行汽车发出的声音,一辆20世纪80年代早期的经典古董车。

我还清晰地记得车灯的光晕凝固在浓雾中的场景,母亲走下车来,情绪不太好。我也记得父亲拿出我口述给他的协议让母亲签名。母亲断然拒绝,抓过我3岁的弟弟,将他放在汽车座位上。正当她过来拉我的时候,父亲把弟弟抱出了汽车,放在门口的台阶上。我记不清那之后我们就这样被父母从车上拽下来又塞回去多少次,只记得我脸上满是泪水,苦苦哀求母亲签字,倒不是我多在乎我们要在哪里度过假期,我只想快快结束这地狱般痛苦的争战。

母亲终于把弟弟和我都弄上了车,然后将车开出了车道。整个过程她没有掉一滴眼泪——坚定、强硬、咄咄逼人，没有表现出任何脆弱——她是一个非常坚强的女人。

但事情还是发生了。那时我们正好在等红灯，弟弟的哭泣已转为呜咽，我脸上的眼泪也已经变干。但就在等待红灯时，我听到母亲开始静静地抽泣，那一刻，我脑海中出现了我人生中能记起来的第一个重大问题。

即使当时只有 4 岁，我也感到了整个事情非常不对劲，无论是母亲延迟的情绪反应，还是自父亲让我扮演调解员那一刻起整个疯狂的局面。他们的关系是有问题的，有一些东西缺失了。我永远都忘不了坐在车里时，我问自己的问题："是什么？不对劲的到底是什么？"那个时候我并不知道答案，但那一刻标志着我探索亲密关系的开始。

找到我的桥梁

如今回看当初，很明显我父母之间缺少的正是真正的亲密关系，包括由此产生的信任，由此带来的袒露自己脆弱的意愿，以及由此促成的强有力的联结。但 4 岁的我并不知道这些。缺乏榜样示范的我，甚至连真正的亲密关系是什么样子都无从知晓。我所看到的是，伴侣之间的冲突只会以糟糕的情况告终，就像我和弟弟在那个雾蒙蒙的夜晚所遇到的那样。父母的例子告诉我，和伴侣的直接冲突是如此可怕和让人避之不及，所以让一个孩子为双方口述一份正式协议，比通过诚实和脆弱的对话来解决问题更安全。

当我开始约会，并试图建立亲密关系时，我才发现父母已经在无意中将他们对直面冲突的厌恶传给了我。当第一个表明我和伴侣之间出现问题的迹象出现的时候，我就开始问自己"这件事最后会如何收场"，以此来保护自己不受我确定将来临的情绪混乱的影响。我只见过冲突演变为吼叫、痛苦，以及毫无希望的僵局，没有任何积极的东西产生。所以对我而言，只要有冲突，就肯定不会有好结果。以我现在的认知，我可以看到"这件事最后会如何收场"这个问题无法得出积极或有建设性的答案。但是我当时对如何建立亲密联结，以及如何提出有效问题都缺乏理解，所以一旦出现冲突，我就会问这个问题，然后根据过往的经验，得到唯一可能的答案——最后的结果会是糟糕的。于是我便会和伴侣分手。在冲突初见端倪时，我已经逃之夭夭。这是我逃避更进一步的情感伤痛的策略。

这就难怪我会一遍一遍地重复那样的模式。在本书中我们将看到，积极应对情感冲突是最有成果的学习方式之一。与冲突为友，问问它们能给我们带来什么，是我们打破无效模式的方法，并有助于我们对世界、自身和关系产生更广阔、更深邃的理解。但那时我尚未认识到这一点。我的童年时期缺乏亲密关系的榜样，在20多岁时，一有亲密关系的暗示我就赶紧逃开，所以我缺乏某种能给我带来这种宝贵经验的内在人际联结。但回看当初，我认为"这件事最后会如何收场"这个问题，也是我理解如何促进深度联结这趟旅程中的另一个重要路标。有时候你需要通过学习什么是不该做的，来找到属于自己的路。

随着年龄的增长，生命中亲密关系的缺失成为我肩上的重荷。我并没有完全意识到我的生活中缺少的就是亲密关系，但我感觉到一种强大的吸引力，让我去寻找某种东西来填补我内心的空虚。我说不出这种东西的名字，但我知道自己缺少它。大学毕业的时候，我环顾了一下自己的生活，并意识到，虽然存在这种莫名的空虚，但我还是超级幸运的：我的父母很健康，我没有学生贷款。我父亲的工作为我提供了经济保障，因为我可以一直为他工作。在很多方面，一个年轻人该有的自由我都有了。当时我所有的朋友都顺应时代潮流，到大的咨询公司工作，但是我在想：我该如何利用我所拥有的最有价值的财富——自由，来创造一个我心目中更好的社会呢？虽然并没有现成的答案，但所幸我也不需要它，我只是简单地让这个问题来引领我。

将这个重要的问题铭刻于大脑和内心后，我对自己进行了评估：我知道我不想浪费生命，我知道我在寻找一样重要的东西（虽然我还不知道那是什么），我知道镜头的魔力让我兴奋，它会激发我心中一种充满感情的回应，让我不由自主地想要跟随，我的直觉告诉我镜头会是我寻找我想要的东西的工具。因此，带着这些非常有限的"我知道"和一台摄像机,我在1999年的12月买了一张去澳大利亚的单程票,开始了我对世界的探索。那时候我并不清楚自己要拍摄什么,但是人们之间坦率、真诚的交流是我感兴趣的。之后,我又去了瑞典和印度,和不同背景的人们交流并拍摄这些对话。正是在这段最初看似漫无目的的游荡中,我留意到一些非常重要的东西。

我所携带的摄像机成了我通向他人世界的桥梁。它也像一把钥匙,打开了人们个人生活围墙上的大门。如果你架起一台摄像机来拍摄纪录片,人们就会和你分享他们通常不会告诉别人的事情。忽然间,我目睹了那些与我萍水相逢,原本根本没有可能接触到的人之间的各种亲密和联结,我被深深吸引了。拍摄这样的对话如此吸引我,让我意识到原来这就是我一直在寻找的:亲密和联结。通过摄像机后的有利位置,我看到人们只用一句话就可以建立起美好的纽带。我看到情侣们通过一个无声的凝视来互赠动人的爱情诗篇;我看到一些人全神贯注地交流,真诚地互动;我也看到一些人完全无视同伴或恋人的需求,一说就是几个小时,完全听不到对方的表达。

通过成为一名制片人,我找到了我一直在寻找的东西。找到它的时候,我才意识到它远比我想象的珍贵。当我越来越着迷于人们的行为和联结时,我也开始意识到,虽然它们还没有完全消失,但也被我们这个现代化的世界日渐忽视。多年来我不断地打磨、提升自己身为电影制片人的技能，十年磨一剑，正为今朝破竹一挥，我感觉这个主题的拍摄就是我所有技能的展示。我已经找到了问题的答案。

我要如何最大化地利用自己的优势和机会来服务我的社群，无论这个社群的规模有多大？

我需要记录人与人之间形成的，我们称为"亲密关系"的无形纽带。

但我要怎么做？

让这个问题一路引领我走到了这里。无论它将把我带往何方，我都不会停下跟随的脚步。我让自己的脑海充满"如何更好地聚焦亲密关系？"这个问题，这既是为了疗愈我个人的伤痛，也是为了给世界提供一些有价值的东西。

照亮彼此之间的空间

花点时间问问自己：什么是亲密关系？我对它的体验如何？我能比较不同关系中的亲密关系吗？它会不会因为不同的人而改变？如果是在不同的文化、语言和社区里又会怎样？到底什么是真正的亲密关系？

虽然存在很多相关理论，但这些问题很难得到明确的回答。但有一件事情是肯定的，我们不能在真空的状态里学到亲密关系。

如果你从来没有和任何一个人有过亲密的关系，特别是如果你从来没有有意识地审视过这些关系，那么可能很难评估什么关系是亲密的。关键似乎在于你所建立的关系的强度，以及你在关系互动中敞开心扉的意愿。在我看来，这样做的结果是，在亲密的时刻，你对人性的感受，或是你对把我们联结在一起的东西的感知，会变得更强烈。想想那样的时刻，你凝望着爱人的双眼，感受到一种强烈到无以言表的情感；或者，你和一个偶遇的陌生人有了一次无比精彩的交流，让你感觉到生活是如此美妙和随机。

亲密是一种看不见的力量，就个人而言，它让我更深刻地认识到生而为人的意义。我在各个城市巡回演讲时，总是会随身携带一对磁铁。我会在演讲过程中把它们拿出来，用来说明空间之间存在的毋庸置疑的力量及其不可名状的本质。当你把两块磁铁相互贴近，你能感受到它们之间存在着一种能量。不可否认，它就在那里，你可以感受到推力或拉力，但是你看不到它。就像磁铁之间存在着一种力量一样，你和其他人之间也存在着一种力量。在我们之间形成的，我们称为"亲密关系"的联结也是如此，它也存在于空间之间。所以想象一下，假如在两块磁铁之间撒上婴儿爽身粉，你便能看到它们之间延展出来的连接线。这就是我想要做的：让那样的能量联结变得清晰可见，让只能被感受到的变得可被看到——其实，就是去照亮它们之间的空间。

为了达到这个目标，我决定继续利用我手中的利器——摄像机，去拍摄一段段简单的对话，看看人们之间的空间能否显现。每一次拍摄都会有两位参与者面对面坐下来，相互问出为他们的关系量身定制的问题。我会让每一位参与者按照规定的顺序问出大约十个这样的问题，目的是建立一个联结的空间，并允许一场宣泄式的对话发生。参与者双方拿到问题时都会感到意外（他们第一次读出这些问题的时候就是第一次看见这些问题的时候），并开启一场他们原本不会进行的对话。我们会用三台摄影机进行拍摄——一台拍全景，另两台分别拍特写。这样，观众就会看到并排的两位被拍摄者的面容，因为我们会把屏幕隔为两半，同时展示两个人的特写镜头。所以作为观众，你不仅能够听到参与者所说的话，还可以看到他们的反应，以及感官上的联结。正是通过这种方式，我们展示了他们之间存在的空间。

我们将这个项目命名为 {THE AND}，因为一段关系并不单由"你"或"我"、"我们"或"他们"构成，而是"你和我""我们和他们"。是"和"将"你"和"我"联结在一起，形成"我们"。"和"就是彼此之间的空间。我们将注意力和镜头同时聚焦于那个空间，从而捕捉到更清晰的亲密关系画面，它完全超出了我的想象。通过同时展示双方的面容，观众好像可以感受到将两位参与者紧密联结在一起的纽带。通过双屏展示画面（有时候加上全景镜头会变成三屏构图），他们之间的空间被点亮，言语之外的内在联结得以传递。仔细想想，你会发现这其实是一种很特别的体验。你能有多少机会在两个人打开并探索自己的情感领域的时候，直接近距离地看到他们的正脸呢？你要么只能看到另一对伴侣进行亲密交流时的侧影，要么你本人作为谈话中的一方，只能看到对方的正脸。而当观看 {THE AND} 的时候，你可以同时看到交流中两个人的正脸。这并非日常生活中人们的正常体验，正因如此，它向我们提供了在别处难以一见的独特视角。

******

于是这成为我们的纪录片 {THE AND} 的固定模式，并在 2015 年为我们赢得了艾美奖的新派纪录片大奖，以及许多其他奖项。这些影像在互联网上如野火般传播，收获了数以亿计的浏览量，甚至得到了一些名人如罗伯特·德尼罗和安妮·海瑟薇的分享和参与。

这个项目总共拍摄了来自 11 个国家和地区，接近 1200 对不同种族、性别、文化背景、性取向和年龄的伴侣。除了多元化的参与者，在过去 10 年中，我们也邀请一些参与者多次回来进行后续的对话。因此，{THE AND} 不仅有参与者的广度，也有深度，可以让你从中看到一段关系随着时间的发展变化。实际上，我们过去和现在一直都在为当今时代的人类关系做资料存档——一个通过对话分享情感体验、反映人性的图书馆。

在我们拍摄的一些对话中，我见证了非同凡响的亲密与联结时刻，令我永生难忘。也有另外一些时刻，虽然当时看起来什么都没发生，但当我们将参与者的正脸并排放置，回看他们的对话时，忽然之间就看到一些有价值的交流出现。拍摄时参与者呈现的话语和能量状态也许平淡无奇，但是{THE AND}所采用的双屏形式揭示了深层的东西。就算某个参与者完全跳过一个问题不答，他们脸上的反应也足以说明他们之间的关系。{THE AND}是有效的，它照亮了两个有内在联结的人之间那难以捉摸，却又至关重要的空间。

在项目早期，一切对我们来说都还是未知的。我们会在一天花12~14个小时来拍摄八九对参与者，每一对的拍摄时间至少一小时，我们会给足他们想要或需要的时间。我记得在阿姆斯特丹的一次拍摄经历，我产生了"灵魂出窍"的感觉——当时我在一个谷仓里，四盏灯正照着面对面坐着的两个拍摄对象，三台摄像机记录着他们的每一次交流。当以上帝视角观察时，我不禁暗自思忖："这真不可思议呀！"就好像我们正在研究人类……如何成为人。我们团队总喜欢说我们最擅长的就是让人真的成为人。我相信到目前为止我们所创建的"对话图书馆"就是证明。每一个对话都是令人惊喜的发现。在拍摄中，有的对话当时看起来就精彩无比，有的则貌似流于平淡。但无论是哪种情况，我们都知道每一个对话中都有值得学习之处，而且双屏的展示恰恰能捕捉这些要点。

我开始好奇到底发生了什么，这是怎么起效的？我和团队如何能做得更好？那些深层联结的交流和从未触及深层情感的对话之间的区别到底是什么？基于这些思考，我问了自己一个问题："是什么让这些神圣的时刻可靠地发生，为真正的亲密创造了空间？"

一如往常，并没有什么电光石火般的灵感给我带来即时的洞见。但是当我拍摄 {THE AND} 对话时，我一直将这个问题当作思考的重心。

在一个问题中找到答案

然后，答案来了，我找到了它。当时我正在拍摄拉法和道格拉斯之间的一段对话。拉法身材高大，有一双棕色的眼睛，道格拉斯则平静温和，两个人都 40 多岁，已经结婚 4 年了。在回答先前的一个问题时，我听道格拉斯提到了自己的母亲。我注意到他的声音中似乎隐含着一种复杂的，也许是痛苦的情感底色。我想，如果我设计一个有关道格拉斯的问题，让拉法思考一下道格拉斯和他母亲之间的关系，也许会创造出一个有联结的空间，拉法的视角或许可以帮助道格拉斯得到疗愈。

我看到道格拉斯拿起我写下问题的卡片，眼泪立即涌了出来。他还未开口，拉法已经伸出手去擦拭配偶的眼泪。道格拉斯大声地将问题读了出来："为了改善和母亲的关系，我需要做出怎样的改变？"

拉法立刻望向天花板。看得出他对配偶的痛苦感同身受。虽然痛苦的来源可能是道格拉斯和自己母亲的关系，但因为他们彼此紧密的联结，这份痛苦也变成了拉法的。痛苦在拉法心中加剧，忽然之间，坐在那里的两个人都陷入了沉默，两双噙满泪水的眼睛成了彼此完美的镜子。他们什么也没说，但我能看到他们亲密关系中的质朴光辉和真诚，它们无比闪耀。

沉浸在那样的时刻一段时间之后，道格拉斯打破了沉默，打趣道："他们甚至都没有为这次心理咨询收咱们的钱。"两个人同时开怀大笑，脸上犹带泪痕。

这正是我希望所有 {THE AND} 的参与者都能够体验到的时刻。是什么让这样的时刻发生？这不是一个随随便便的问题。在为道格拉斯写下那个问题之前，我经过了非常认真仔细的思考。这个问题要的不是"是"或"不是"这样的二元答案，它呼唤出的是一个建设性的结果，在它的措辞里已经蕴含了能带来更好的改变的可能性。当拉法的笑声渐止的时候，他最终回答了那个问题。他的回答是只有他才能给道格拉斯的。他不是简单地作为拉法本人在给出意见，而是作为和配偶密不可分的那个自己在表达，是站在我称为"和"的那个空间里发声。

******

回想起那一刻，我第一次意识到，我们所问的每一个问题都蕴含着真实的力量。我看到了如何以某种方式精心设计一个让这种力量喷涌而出的问题，从而创造出一座桥梁，让两个人在共同的脆弱中走过，得到一个美好、亲密的时刻。就这样，{THE AND} 开始真正地步入正轨，加速发展。

随着时间的推移，我和我的团队成了提出这种有力量的问题的专家。我们学会了如何安排提问的顺序，让问题出现在合适的时机，先建构信任和开放的基础，以便有效地达到更深层次的联结，让两个参与者之间的"和"空间被照亮。在引导这样的对话的这些年中，我不能说所有的对话都会如此，但我确实看到了很多次。我从中看到了一些规律：我看到我们对脆弱和痛苦的回避是如何被整个社会加剧的，这个社会对什么能接受、什么不能接受有着自己的成见；我看到心灵的本能冲动，我们一次又一次想要冲破规则和恐惧的迷宫，寻找和另一颗带着渴望的心的联结，然后在片刻，或余生，感到不再孤单；我看到要把情感付诸语言，真正把自己最深层的感受向另一个人清晰地表达、坦白是多么困难；我也看到当这些情感的表达能够被顺利地传递，可以产生多么大的力量。

我还看到每一段关系都有一个故事，其中蕴含着令人信服、深刻且强烈的真理。拿我父母举例，通过多年拍摄 {THE AND} 来研究和学习亲密关系，我看到虽然他们的关系是有问题的，但他们却是彼此完美的补充。在我看来，我父亲最大的恐惧是被人直接而亲密地爱着；我母亲最大的恐惧正是直接地去爱一个人，去亲密地表达她的爱。某种程度上，他们都找到了完美伴侣，他们最深层的恐惧旗鼓相当，得以互补。要迈出成长的下一步，对他们二人来说同样充满恐惧。然而，他们的结合为彼此提供了通过对方来面对恐惧的机会。亲密关系对他们来说意味着同等的风险与挑战。

虽然他们没能共同向前一步，发展更深的亲密关系，我却不禁惊叹于在他们的关系中看到的美妙设计。接受亲密，步入脆弱之境，只能通过和另一方建立联结才能实现。我父母的关系让我相信，我们所遇到的伴侣，总会以独特方式为我们提供成长和进步的机会。这些机会对伴侣双方来说同样令人生畏、充满挑战。但是如果我们能够相互扶持，带着尊重和信任，带着相互理解，我们会知道只有共同面对各自的恐惧，我们才不会跌倒，才可以一起跳跃、一起翱翔。

像这样的真理和视角，正是 {THE AND} 的制作经历赋予我的礼物，也是我们都可以学习的东西。你只需要问出有品质的问题就可以获取它们。而这正是我和我的团队所擅长的事情：按照一定的顺序提出高质量的问题，让伴侣之间神圣的亲密关系重见天日。

{THE AND} 成了我毕生的事业，它如同一部亲密对话的百科全书，我将它放在互联网上，希望观众受到启发，可以问出更好的问题，加深他们自己与他人的联结。在推出 {THE AND} 这部片子不久后，观众便开始持续观看这些不可思议的对话，并想在自己的生活中进行尝试。为此，我从 {THE AND} 中精选出 199 个问题，创造了同名卡片游戏，后来又有了以 App（应用程序）形式出现的数字版。对于想要把我和团队为节目参与者创造的问题带入自己的家庭，体验有意义、有引导的联结的人们，这些都是很便捷的方式。

我知道，我们从 {THE AND} 的对话中收集到的信息是宝贵的。我一直觉得也许有一天，可能是在开始这个项目十周年之际，在积累了十载的经验与理解之后，我会出版一本书，分享我在见证无数亲密而脆弱的对话中学到的一切，以及我自己在问题之路上的经历。我真诚地希望我的经历能对你有所帮助。

然而，我觉得这本书给出的第二份馈赠更为重要。如果你能将本书中的信息转化成个人的经验，去实践像我在 {THE AND} 中见证过的那些对话，你就可能有所收获。虽然通过我的拍摄工作，我学习研究了许多关于亲密关系的东西，但我并没有找到所有的答案。我不是一位科学家，不是什么大师，当然也不是认证的治疗师，我只能从自己的观察和经验出发。这些答案虽然有广泛性，但都是个人主观感受。希望通过练习本书中的对话，以及应用后文中提到的工具，你可以自己观察亲密关系，从自己的人际关系中吸取经验，并加深对"按照自己的意愿，作为一个人去生活"的意义的理解。

我从 {THE AND} 的对话中选出来放在本书中说明其有效性的对话案例，都是在剪辑室里编辑过的，因此也反映着我和团队无意识的偏好。但你和伴侣要亲自体验的对话将会是完整的，由你们自己来进行理解和操作，而不假手于他人。这就是我最希望你能够从本书中获得的礼物：让它教会你成为自己的老师。

爱不是一种感受，而是一项练习。进入"和"的空间，你们彼此间的空间，是一项可以让你践行爱的尝试。这么做会让你主动地去提升生命质量，深化生命中的爱。

如何使用本书？

本书的第一部分重点介绍了创建联结和亲密空间的工具。这些工具有助于建立一种环境，使交流能够真正为成长提供宣泄渠道。

第二部分由 12 个问题构成，我看到这些问题在不断加深情侣之间的联结。但是，你可以在任何你有深度联结感的关系中使用它们,并不仅限于亲密关系。

第三部分是对沟通中可能出现的冲突给予的建议。

这样的安排是希望你在阅读完本书后,可以开展一场属于你自己的亲密关系对话。对话开始时,你可以参考本书第二部分中的 12 个问题,和你的伴侣互相提问;你也可以先阅读本书的第一部分和第三部分,然后直接和你的伴侣就这 12 个问题进行对话,来一场属于你们自己的"和"体验。在切身体验之后再阅读第二部分,有助于理解为什么这些问题可以创造出这样的体验,并在你们之间产生这么大的影响。

如何玩提问游戏?

在你读完了本书,并准备好体验一次有价值、有创意的真诚互动之时,我给你提供了以下参考建议:

- 为了得到最好的效果,请按照本书所列的问题顺序来提问。稍后我会进一步解释原因。
- 从凝视对方的眼睛 30 秒开始。让自己安于当下,专注于对方。(说明一下,有些人可能对于目光凝视觉得不自在,请按照自己感觉舒适的方式来做——一个简单的替代行为是和伴侣一起深呼吸。)

- 在自愿的情况下,双方都有机会就每个问题进行提问和回答,每一题的首先发问者会轮换。例如,如果你问伴侣问题1,对方回答之后就可以问你问题1。你们可以就每个人的回答尽情地进行交流,直到得出自然的结论(这只是一场对话,不是一个测试)。当你们双方都回答之后,就进入下一个问题,这次轮到你的伴侣先来问你。
- 尽量不要打断对方。允许对方在回答之前进行思考。
- 你不是必须回答每一个问题。这很重要。保留你跳过某个问题的权利,如果那个问题实在让你为难。做法是凝视对方10秒钟,说"过"。(再次说明,如果你把目光凝视改成让自己更舒服地和对方一起深呼吸,也没问题。)
- 记得要享受这个过程。把这次对话当成你和伴侣一起做的一个游戏。如果感觉到沉重或愤怒,你们可以参考本书中第一和第三部分来缓解可能出现的紧张局面。

以上就是这个游戏的基本规则。还有一些可以在情绪激动时帮助对话安全顺畅进行的方法:双方均不可提高嗓门;在对话结束前不可以离开房间;万一对话需要提早结束(无论其原因),需要直接回答最后两个问题,以便让对话空间结束在有联结、有疗愈性的氛围中。在第三部分中,我们会进一步地说明这些指导原则,同时回顾如何解决冲突。

在本书的结尾,我准备了一些同主题的备选问题,能起到与第二部分列举的问题同样的情感效果。如果你将来和伴侣再进行第二轮、第三轮这样引导式的亲密对话，这些备选问题将是不错的选择。最后，在本书中我还穿插了一些引自 {THE AND} 对话资料库中的金句，希望你们和我一样会受到这些金句的鼓舞和启发。

与其把这次引导式对话当作你探索亲密对话的巅峰体验，我倒是更鼓励你把它看作一次学习经历——为你余生将要体验的每一次深刻交流而进行的一轮练习。

把它看作踏上属于你自己的问题之路的开始吧，谁知道它会把你带向何方呢？

第一部分

工具

在这个部分中，你将找到为建立联结和亲密关系创造空间的工具。这些工具有助于构建一种情境，让触及两个人之间独特之处的核心对话能够蓬勃展开。在开启自己的亲密对话之前，请你先阅读这部分内容。

停止寻找答案：
创造更好的问题

你最近一次有意识地问自己问题是在什么时候呢？

花一点时间，回想一下今天早上你醒来时脑海中出现的第一个念头。回放一下你的内心独白，近距离地观察一下在意识苏醒的最初时刻，你内心的声音是如何与你对话的。很可能它会说："我饿了。今天早餐我要吃鸡蛋。我最好快一点，上班别迟到。"从表面来看，这都是一些陈述句，但这些陈述从何而来？为什么你会在第一时间冒出来这些念头？它们不是凭空产生的，是被什么东西激发出来的。有一些东西创造出了一个空间，需要这些陈述句来填满。

尝试回到你对这些想法有所意识之前的时刻。它们是在对什么做出回应？你可能并未察觉，但在你内心的声音有机会发声之前，你更深层的意识已经在悄声发问："我感觉怎么样？""我想吃什么？""现在几点了？""我如何确保自己完成任务？"你的想法全是针对这些问题的回答。

事实是，我们总是在不断地提问：关于我们自身的问题，关于彼此的问题，关于我们周围世界的问题。但是这并不符合大多数人日常生活的体验。大部分时候，我们所问的问题都巧妙地避开了我们的意识，因为我们只关注陈述，只关注答案。这并非偶然。我们所生活的社会充斥着各种答案。我们的文化也已将我们规训为只关注答案的样子，让我们常常听不到问自己的问题。

即便听到了问题，我们又在多大程度上思考过这些问题？我们是否想过这些问题是如何措辞的，以及这样的问题会引出什么样的答案？我们是如此看重解决方案、结果、结论和行动，以至于我们几乎从未思考过创造和塑造了这些方案、结果、结论和行动的意识或无意识空间。对于那些我们希望产生宝贵答案的问题，我们却很少赋予同等的重视和关注。

这是一个被错失的良机。我们追寻答案，在个人生活、人际关系，乃至全球问题上苦苦寻觅各种问题的解决方案，实则是找错了地方。我们向着终点一路狂奔，却丝毫不清楚自己正跑在什么样的跑道上。正如跑道决定了比赛的轨迹一样，问题也同样会塑造答案。

******

在观察了数千场 {THE AND} 对话之后，我亲眼见证了问题不仅会塑造答案，还拥有滋养人际关系的力量。这种力量被我们的社会低估了，但如果你首先学会去识别它，再对它加以利用，你将拥有一个可以创造更好、更深刻对话的珍贵工具。其实，问题的力量远比这要大，它是为你的生活体验赋能的关键。学习如何设计更好的问题，不仅让你拥有塑造对话的能力，也会塑造你看世界的视角，并最终塑造你的现实。

如何付诸实践呢？请花一点时间，想象你问一个孩子是否想上床睡觉。时间已经不早了，你打断正在玩耍的孩子，礼貌地问道："你准备好去上床睡觉了吗？"基于这些年我做父亲的大量实践经验，从统计学来说，你有 98.8% 的概率得到一个明确的"不"的答案，而且还是用高分贝声音喊出来的。但是如果你换一个问题问会怎样？如果你问同一个孩子："你想在床上睡还是在沙发上睡呀？"忽然间，"过时不睡"不再是一个可选项。孩子的答案只能是"床"或是"沙发"。关于利用问题的力量，这只是一个极其简单的例子，但你可以从中看到问题是如何塑造答案的。每一个问题——就算是那些远比上床睡觉更为重要的问题，都含有这种内在的力量。

请允许我再举一个例子。我有一个朋友，他和他的三个兄弟姐妹都由母亲独自抚养长大。他们的母亲在35岁的时候被诊断出多发性硬化症。起初，这位母亲陷入了重度抑郁，不断问自己："为什么是我？"很多天她都卧床不起。她的4个孩子中，最大的才12岁，他们一方面要承受这可怕的消息，另一方面要尽他们最大的努力来支持母亲。全家人都感到迷茫无助，前路看上去充满艰辛痛苦。一天清早，这位母亲将她的问题做了一个简单的修改。她在上面加了一个字。"为什么'不'是我？"这下，她对诊断结果的态度完全改变。"为什么是我？"的答案让她陷入抑郁，了无生趣；而"为什么不是我？"这个问题的答案却将她放在一个有力量和有行动力的位置上：为什么她就不能是那个强大到可以承载这样的痛苦的人呢？我们的头脑在寻找答案。把它聚焦在对你有建设性意义的方向上，让它为你的利益、幸福工作。将更多的能量和关注放在问题上，而非你要寻找的答案上。

在我有意识地知道如何运用它之前，我就已经是问题力量的信徒了。我拍摄的每一部纪录片都是从一个问题开始的——不是一个想法，不是一个概念，而是一个问题。正是通过不断完善提问过程，并以各种方式提出问题，答案才开始以电影的形式呈现出来。这就是我的工作过程——问题第一，结果第二。它让我受益匪浅。但直到我开始为 {THE AND} 设计问题，我才真正意识到问题的真实力量，以及它们可以如何塑造我们的现实。

在拍摄 {THE AND} 时，我记得自己的内心被一种特殊的情感充满着:感恩。要是没有来自全世界的参与者在对话中呈现他们的脆弱与开放,没有他们勇敢地全然投入,并友善地让我记录,我这刚刚起步的纪录片项目将一无所获。看到他们愿意分享自己最隐秘的部分,我感到有责任尽可能地给予他们情感宣泄的体验,并有效地深化他们的关系。因此我开始认真思考和打磨他们向彼此提出的问题,以期达到这样的效果。拉法和道格拉斯的那次对话对我来说可以算作一个这样的参考点,它让我目睹了问题在行动中的力量。但对我来说,下一步是了解是什么让道格拉斯问出的问题如此有影响力。

我越分析特定的问题激发出的各种回应、情感和体验,就越发现问题的精准用词和顺序的重要性。两个表面相似,但遣词不同的问题可以带来截然不同的答案。举例来说,如果让伴侣彼此提问"我们为什么总是吵架?",势必会引出一长串的委屈抱怨。因为问题被设计成这样,唯一可能的答案被聚焦在冲突上,不会有其他内容。类似的问题可能会制造出一些耸人听闻的、博人眼球的内容,也许会让 {THE AND} 在优兔(YouTube)上有更多浏览量,但那并不是我的目标。我想要参与者有机会学习一些和彼此联结有关的新东西,有机会探索一些新领域,那些可能在日常生活中被忽视的领域。通过我们引导他们进行的对话,我想让他们获得有意义的成长。因此我将上面的问题改为"我们最大的冲突是什么,它能教给我们什么?"。现在,"他们之间的冲突蕴含着一种可学习的经验",这一观点已经融入了问题本身。这样问题的答案就不再是这对伴侣过往争吵的问题的罗列。它为双方提供了一个成长的机会。如果他们愿意这样选择，选项就在那里，选择权在他们自己手中。通过重新解构问题，参与者得以重构他们的冲突。这个问题的可能答案从一长串的抱怨和无助的感受转变成一个良机，让两个人可以看到过去关系中痛苦的来源变成了帮助他们成长的礼物。

问出更好的问题不仅能促进更深层和更有建设性的对话，还能决定你是会自信地做出人生关键性决定还是会深陷怀疑困境。几年前，当我的伴侣怀上我们的第一个孩子时，我们发现自己开始纠结于"我们想要住在哪里"这个重大、艰巨而又非常重要的问题，我们深陷其中，并在接下来的 5 个月中到处奔波，寻找答案。我们先去了新墨西哥州的圣菲，又去了爱达荷州的博伊西，然后是俄勒冈州的本德、华盛顿州的西雅图，还有科罗拉多州的博尔德。但无论到哪里，我们好像都找不到一个可以满足我们所有要求的安家之地。某一个城市可能看上去很适合宝宝成长，但是当地的高中够好吗？当地经济是可持续发展的吗？这里会不会一直让我们获得灵感，受到激励？这片景致就是我们接下来每天都想要看到的吗？有着这么多不确定因素，"我们想要住在哪里"自然变成一个无比重大和复杂的问题。不出所料，我们对答案的寻找并没有产生更多的结果，反而像一场飓风，将我们俩卷入令人眩晕的旋涡中。

幸运的是，当我的伴侣怀上第二个孩子，我们再次考虑搬家的时候，我花了更多时间来思考问题的力量。这一次，我们决定重构问题——不是问"我们想要住在哪里？"，而是问"在宝宝6个月之前，我们想要住在哪里？哪里可以支持我们为年幼的孩子们创造一个有滋养和爱的环境，同时能激励我们为彼此付出更多？"。虽然后一个问题的总字数有点多，但更容易回答，而且对问题措辞的改变让我们对新家的需求范围得到指数级的缩减。现在，我们只需要找到一个安全、有滋养的环境，一个自然环境良好并有好的社群意识的地方就足够了。忽然间，我们对现在居住的地方有了新的看法，即使某天我们要搬到别处也没有关系。至少目前，我们可以自信地回答这个问题，并愉快地做出一个满足所有需求的决定，而无须经历压力飓风。

关注我们问彼此的问题，可以给我们的关系带来巨大的影响。重构我们问自己的问题，可以让我们对整个世界改观。我朋友的母亲罹患多发性硬化症的故事，就是一个很典型的例子。想想你在生命中遇到过的一些有挑战的问题吧，类似"我的人生该怎么过？"这样的问题是很难回答的，但是"我对什么饱含热情？我如何将这股热情变成对他人有价值的技能？"就具体得多了，后者在任何特定时刻都会与你的事业发展轨迹更贴合。通过这样修改问题的措辞，你可以通过你渴望的色彩，而非从那些满足常规人生轨迹期待的视角来看世界。"为什么他们不喜欢我？"这个问题不太有建设性，但是，"为什么我会认为他们不喜欢我？从这个理解中我能收获什么？"这个问题可以将你带上一条自我探索的道路，并对你如何看自己有更健康的理解。

又或者当坏事发生时，我们中的许多人会问自己："这件倒霉事为什么会被我摊上？"我们可以把这个问题变为："这件倒霉事附带的教训是什么？"或者改成一个更好的问题："为什么我这么幸运地遇上了这件倒霉事？"我们还可以将它带到另一个层次，问自己："这件事可以如何促进我的成长呢？"只是简单地改变问题，你就会给自己一个成长的机会，并从你要处理的困难与麻烦中吸取经验。它们会成为你发现和发展自我的基础，将你带入一直在寻找的那种生活。为什么不给自己一个机会，利用问自己的问题的力量，来马上看到这一点呢？

与其专注于最终结果——问题的答案，不如更关注问题本身，这意味着可能会出现一个更具赋能性、更有建设性的解决方案。塑造问题，也是塑造答案，而塑造答案，最终塑造了你的现实。所以停止寻找答案吧，去设计更好的问题。你和自己的关系、和伴侣的关系，以及和你周围环境各方面的关系都会更牢固、更有目标和更强大。

好问题是如何构成的

你如何利用问题的力量来引发深层次的、有意义的回应?

在为逾千场对话设计问题,并仔细观察这些问题带来的体验之后,我从 {THE AND} 的参与者最有效的相互提问中,找出了五大共有的关键要素。第一,这些问题具有一个相互联结的视角;换句话说,它们都聚焦在提问者和回答者之间的空间上。第二,它们是非二元的,是开放性的,都被设计为不能用简单的"是"或"不是"来回答。第三,它们促成了一个更积极、更有建设性的结果,而不是制造具有破坏性的冲突。第四,它们出人意料,通常将两个完全不同的想法联系在一起。第五,它们的表达方式对回应者来说像一个礼物,而非命令或指责。提出一个兼顾上述五大要素的问题,任何待解决的问题都会呈现出充满活力的核心和本质。接下来让我们对这些能制造出好问题的原则逐一深入探讨，来了解它们的价值和在实践中的应用。

要有联结的视角

一个具有联结视角的问题，是关于参与者之间的空间的——那个我称为"和"的看不见的、有磁力的联结空间。它探讨了两个人之间独特的关系，而不是要求他们中的任何一个人从自己的主观视角出发去说话。举例来说，"你怎么看待爱？"这个问题就没有"你怎么看待我们对爱有不同看法这件事？"有力量。你能看出来后者是如何阐明伴侣之间的联结，将回应者置身于提问者的立场，从而邀请他们从不同的视角来看问题的吗？

此外，回应者看上去被邀请从提问者的视角来回答问题，但实际上是从他们之间联结的独特视角（即关系本身的独特视角）来回答的。是的，你要求伴侣分享他认为的你对爱的看法，但他的回答能准确地概括你的想法、感受、措辞、表达方式和情感吗？就算他的回答与你对爱（或者任何话题）的看法完全一致，但他作为提供答案的人这一事实本身就使他的回答成了你和他的想法的结合体。他在用两双眼睛看世界——你的眼睛和他自己的眼睛。这个共同的视角就是联结的视角。你们的视角相互叠加，创造出了一个大于各部分之和的视角。这是一种无形的结构，通过它，爱得以被分享和滋养。

从这个视角来探索任何话题，都可以确保你们共有的联结一直是对话的重点。没有联结视角的问题会引发冗长的独白，其中一个人可能会详细地谈论个人的偏好，阐述个人的生活理念，或者通常只是漫无目的、令人生厌的喋喋不休。如果一个问题有了联结视角就不会出现这样的情况，因为你和伴侣都会成为答案的一部分，这使得两个人都会一直参与对话。询问你的伴侣"生活教会了你什么？"固然不错，但不如彼此问对方"你认为生活教会了我什么？"来得更有趣和更有价值。你可以单独思考生活到底教会了你什么，并不真正需要另一个人参与。但是，后一个问题是在邀请你的伴侣对你的感受进行思考，这就使得对方的参与成为必需。现在你将听到从他的视角讲述的关于你的经验。这可能会提供一个宝贵的机会，让你了解到一些关于伴侣的新东西，或者一些关于你自己的、你从未意识到的东西。同时，毫无疑问，这也是更好地理解你们之间关系的机会。

判断问题是否具有联结视角的一个好办法是问问自己，问题的答案对关系来说是否独一无二，换言之，问题的答案是否因人而异。如果答案会因提问的人不同而不同，那么这个问题就是有联结视角的；如果不管是谁提问，答案都很容易是一样的，那这个问题就不具有联结视角。比如你的伴侣问你最害怕什么，你回答："蜘蛛。"如果你的父亲、上司或朋友来问同样的问题，你的答案会有不同吗？你的答案和你们之间的关系有任何关联吗？还是只与你最害怕的东西相关？

"你最害怕什么？"这样的问题可以让我们了解一个人的表面，但不是特别有助于我们深化和他人的关系。许多畅销书都提供过可以询问伴侣的重要问题清单，但极少有（甚至没有）书或清单考虑过联结视角。这样的问题只能带来同样的回答，无论提问者是谁。

几年前，心理学家阿瑟·阿伦和伊莱恩·阿伦提出了一组被称为"通向真爱的36问"的问题，并被发表在2015年《纽约时报》一篇题为《要爱上一个人，就这么做》的文章中，一时间在网络上走红。我看了看这些问题，发现其中只有7个问题模模糊糊地提到了伴侣之间的关系，其余的问题都是让回应者从自己的视角来表达感受或想法。比如，"在友情中你最看重的是什么？""在你的生活中，爱与情感扮演什么角色？"这些问题的提问者无论是你的伴侣、你的母亲还是餐厅服务生，你觉得答案会有差别吗？当你与一个人交往时，这些问题并不是不重要，只是一旦你和他的关系得到了发展，那么去了解你和对方的联结、了解你们之间的动态空间是不是更有趣呢？

让我们暂且回到那个蜘蛛恐惧症的例子，来看看怎样在"你最害怕什么？"这个问题中加入联结视角。更强有力、能够深化你和伴侣关系的问题可以是"你认为我最害怕什么，为什么？"或者"当你想到我们共同的未来时，你最关心的是什么？"。这样，即使你问两个不同的人，也绝不会得到完全一样的答案。焦点已经重新回到你和对话者（无论是谁）之间独特的联结上了。

非二元的、开放性的问题

没有几个词比"是"和"不是"能更快地打断一段愉快的谈话了。如果附上一个深思熟虑的个人解释，有时"是"或"不是"也能把你引向有趣的地方。但是，伴侣之间最棒的对话是关注客观、绝对和二元对立的事实，还是关注内心深处的主观真相？探索二元对立事物之间灰色地带的对话不是更有趣吗？相比于询问你的伴侣为什么会对某件事情有特别的感受、他们的感受是什么、这些感受是如何在他们身上体现出来的，事情的真假并不能让你更多地了解你的伴侣。因此，开放性的问题，即那些不会让"是"或"不是"来使对话流于肤浅的问题，才是让对话向深层次发展的有利选择。

"是"或"不是"的答案也很容易让受访者拒绝敞开心扉，去说出他们如何看待和体验自己与伴侣间关系的细微之处。如果你问"你爱我吗？"，你将得到一个简单的、单一维度的答案；但如果你问"你为什么爱我？""你是如何体验你对我的爱的？""你感觉什么时候自己对我的爱最强，什么时候最弱？"，你接收到的答案将会是你对伴侣情感的一次复杂探寻。对于那些有挑战的问题，这一点尤其重要。"是"，"不是"，或者"我猜是这样"，都是伴侣的盾牌，用来掩盖其脆弱或答案下面更深层的事实。但是一个非二元的问题可以为他们提供进一步探索的机会。当你询问"你认为我们的关系有需要强化的地方吗？"时，一个简单的"没有"可能让受访者回避了自己的脆弱和不适感，而当询问"我们能做些什么来强化我们的关系？"时，你却创造出了一个通往建设性对话的机会，这种区别你发现了吗？

更有力量和建设性结果的问题

让我们来看看"我们对彼此最大的误解是什么？"这个问题吧，这个问题的答案能有多大的建设性，又有多大的可能性为成长提供机会？

"我们对彼此最大的误解是什么？"这个问题让你们可以说出彼此的隔阂，但不一定能从中得到成长。它能带来的最好情况是，你意识到发生了一些事，也未曾在意，却让你的伴侣产生了误解。

如果想让这个问题变得更有力量，你可以问："我们对彼此最大的误解是什么，我们能做一些什么来改变？""我们对彼此最大的误解是什么，为什么你会认为是这个？"想想这些问题将带来什么。问题措辞不同，整个回答的情绪基调也会发生变化。你们不再是在误解的重压下挣扎的两个人，你们重新形成了一个团队，一起计划如何共同面对，或者你们已经开始学习其中的经验。这里的目标是，以一种让你们能够共同探索的方式来塑造问题。

所以，一个问题是会为你和伴侣一起探索奠定基础，还是会让你们陷入冲突并削弱联结？它是如何让你们的关系更具交流性、共情力、复原力和成长性的？

出乎意料的问题

有时候我们会陷入相同的模式之中，无论是思维模式、行为模式还是情感模式。在这些模式中浸泡足够长的时间后，它们好像已成了我们的一部分，画地为牢般让我们认为自己的人生只能受限于其中。但这是个谬误，通常还颇为危险。生活在这些我们无意识地为自己和关系制造出来的壁垒之中，会让我们屏蔽许多生命赠予我们的可能性。

我发现这些可能性的到来往往出其不意。毕竟，如果我们期盼自己已深陷其中的模式能继续下去，那么任何把我们带出这种模式的事情都会显得出乎意料，不是吗？建立意想不到的联结是训练我们对新的可能性和观点保持开放的绝佳方法，也有助于我们在思想上和情感上更加灵活变通。在与他人对话时这样做，可以让我们走出关系的固定模式，并为我们开辟新的道路。这里有两种操作方法，一种是把两件通常不会关联在一起的事联系起来。比如：

- 冲突如何让我们变得更好？

- 在最糟糕的一段感情中，你最喜欢的记忆是什么？
- 你害怕得到什么？
- 赚钱会让你付出什么代价？
- 什么是你犯过的最大错误，同时也是你最棒的礼物？

另一种是让一个人站在另一个人的立场上，迫使他从对方的视角来寻找答案。比如：

- 你觉得我哪些对生活的理解是你目前还不懂的？
- 作为你的朋友，你觉得对我而言最难的事情是什么？
- 你觉得我对你有什么误解，为什么你会这么认为？
- 你觉得我自认为最有魅力的特质是什么？
- 你觉得我反复犯的错误是什么，你认为我为什么会这样？

你有没有看到以上问题是怎样将两个意想不到的想法联结在一起的，或者是怎样让一个人从另一个人的视角看问题，并在这个过程中从一个陌生的视角来审视一个原本熟悉的问题的？

我一次又一次看到 {THE AND} 的参与者被出乎意料的问题激发出宣泄情感的回答，以及意义深远的自我解剖。以一场我最喜欢的，每一次都能让我泪湿眼眶的对话来举例吧。这场对话录制于新西兰的惠林顿，对话的双方是刚过 40 岁的约翰和他 16 岁的儿子柯蒂斯。约翰的头发很短，被漂成了金色。柯蒂斯戴着眼镜，穿着黑色衣服，带着一种敞开心扉的真诚。柯蒂斯是神经多样性人士[1]，因此他的家人总是非常关注他的需求。知道这一点之后，我为约翰设计了一个问题，让他向儿子提问："你认为作为你的父亲，我最大的困难是什么？"约翰问这个问题时，我很明显地看出他因为终于有机会被儿子用这样的方式看见而感到宽慰。他长长地吐了一口气，肩膀也松弛下来，仿佛长期承载的压力得以释放。我不知道约翰是不是曾经向柯蒂斯提出过任何需要从自己的立场来思考的问题。也许这是第一次，一个空间被创造出来，约翰可以在其中被自己的儿子看见，以一种他们的关系中从未有过的全新方式。

将那些我们可能从未想过要连接的点连在一起，就会创造一个新的生活空间，在那里，我们可以在任何关系中建立新的联结，从而开辟新的相处方式。

当问题的表达不带任何评判或企图时最有效

一个要求给出答案的尖锐提问，和一个以提议、礼物形式出现的问题，两者之间存在一个重要区别。礼物式的问题，旨在邀请

---

[1] 神经多样性人士（neurodivergent），非医学正式诊断术语，常被用于描述那些思维模式、行为模式或学习方式超出"典型"范围的人，包括但不限于孤独症谱系障碍患者、注意缺陷多动障碍患者、学习障碍患者等。——译者注

你探索新事物或表达一个很少有机会表达的观点。与之相反，试图挖掘客观事实的问题可能会被认为带有操纵性，存在秘而不宣的动机，并使回应者有压迫感。你能感觉到"哪一次我最让你失望？"和"什么时候你感觉对我最失望？"这两个问题之间的区别吗？区别虽然很细微，但能使伴侣的感受，以及答案本身产生很大差别。后者问的是什么时候而不是确定的"哪一次"，因此允许对方的答案有一定的灵活性，而不是一定回答某件具体的事情。此外，后者问的是回应者何时感觉最受伤害，而不是他们客观上真正受伤的时刻。这个调整使答案贴合回应者的个人经历。这种提问方式不是让提问者作为真相的评判者来判定自己是否真的让对方失望了，而是让提问者去接受和承认对方的主观体验。

再来看一个例子。看看你更愿意回答下面哪个问题：是"在我们的关系中，你做过的最令人痛苦的事情是什么？"，还是"你认为在我们的关系中，你做过的最令人痛苦的事情是什么？"？请注意，在第二个问题中加入"你认为"后，语气就变得柔和了，这样问题就变成了你对可能造成痛苦的行为的看法，而不是要求你明确承认你做过让伴侣痛苦的事情。这就把问题变成了一个礼物，邀请你去讨论一件事，而不是非要为你认为的客观事实讨个说法。这样一来，没有人会受到攻击。对伴侣说"这是我的体验"比"这就是事实"要容易和安全得多。

诚然，人与人之间的行为并非都是主观的，有些就是客观的伤害。

在这里，我并不是说人际关系中发生的一切都是可以被解释的。然而，经过多年为 {THE AND} 撰写问题的磨炼，我发现，如果将问题作为参与者参与探寻的选择，对话就会达到最佳效果。

和一只张开的手去握手，要比躲开一根指向你的手指要容易得多。我发现，如果为参与者准备的问题过于尖锐，如果这些问题过于逼迫你或你的伴侣去获得某种体验，那么任何一方都可能会自然地做出反击，并封闭自己。如果你想在我们希望创造的空间里真诚地探索你们之间的联结，那么这样的反应显然与你的初衷背道而驰。

如何创造安全的对话空间

只有当双方都觉得自己身处情感安全的空间时,才能进行高质量的对话。事情就是这样的。如果你们中任何一方感到不安全,即使问题是完美的,也无法突破你们本能地在内心竖起的防线。但要警惕,不要把安全和舒适混为一谈。它们是不一样的,两者之间有一个关键区别。安全感是在任何时候都要培养和保持的,需要让你们之间的空间充满对共同目标、动机、关心和明确准则的相互理解。而舒适感,特别是情绪上的舒适感,是我想请你们在进行亲密对话时尽可能放下的东西。

不舒服是成长的必要前提。如果我们把自己关在舒适区这个舒服、熟悉的牢笼里,又怎能指望自己体验到能带来积极变化的新奇感呢?感到足够安全,一起探索你们自身的脆弱才是最重要的,这也是本书将引导你们进行对话的关键前提。了解为什么要进行这样的对话、对话背后的意图以及规则是什么，可以创造一个情感上安全的空间。在这个空间里，你可以表达自己的脆弱想法，并且希望它们能被对方接受。

******

为什么我们要去剧院看电影或看戏剧？因为我们知道自己会身处一个安全的空间，去感受角色所经历的悲伤、恐惧、心碎或愤怒。这意味着我们清楚这个空间里大家的共同目标，大家来到这里的动机，每个人可以得到的照顾，以及我们的体验是受到清晰的边界保护的。我们进入剧场的目的就是获得这种体验。更重要的是，我们有权利观看这些角色最亲密的时刻。我们还知道，舞台是演员表演的地方，座位则是观众观看的地方，边界不会被逾越。这既是我们体验强烈情感的安全空间，也是我们进入窥视者角色的安全空间。

现在再想想在街上看到两个人打架的情境。这和观看两个演员在舞台上打斗的体验截然不同。你可能会本能地想要看到他们打起来，毕竟这是会激起人类好奇心的一种强烈的情感表达。但与此同时，你也可能会因为侵犯了他人的私人空间而内疚，以及自己的空间被各种感觉和情绪侵占而不适。本来你只是出来买个菜，现在却感觉到了不安全。

那么，这两种情况有什么区别呢？

框架、情境和许可

设想一下，如果你的伴侣在你读本书时突然走到你面前问你："你为什么爱我？"这完全出乎你的意料，你的伴侣没有预先营造一个相应的对话空间，或是带着明确的共同目标进入这个空间。这时你的反应是什么？你会开始平静地沉浸在自己的感受之中，探索你对伴侣之爱方方面面的美好吗？我对此表示怀疑。你不会去想你为什么爱他/她，而是会想："这问题从何而来？我做了什么吗？我又忘把马桶垫放下来了吗？他/她想从我这里得到什么？他/她是觉得我有外遇了吗？"关键是，你不会专注于回答对方问你的问题；相反，你会专注于构建一个情境，一个让对方有理由问出如此重大问题的合理情境。

就像一部戏剧或一部电影会有一个框架，在这个框架中，一些特定的事情得以被见证和经历，而这些事情在日常生活中可能不会发生。在与你的伴侣进行深入的对话之前，重要的是要框定你们正在做什么，并带着共同目标进入这种体验，让这种宣泄性的、诚实的对话得以展开，而规则的约束会保证你们双方的安全。

这就是参与双方都要明白，他们是自愿和有目的地进入一个专门为这样的对话创建的空间的原因。使用本书中的 12 个问题（或任何来自 {THE AND} 卡片的问题，如果你想问更多问题）来引导属于你们的私密对话非常有帮助，因为它们会立即将你们的对话自动框定为一场游戏。决定玩这个游戏，你就把回答联结性问题的目标带入了游戏体验中。但当你不用 {THE AND} 卡片也想要让对话成功时，关键是区别这场对话体验和你们日常生活的体验有着不同的规则。如果愿意，你可以称其为一场游戏。事实上，我会鼓励你尽可能用轻松有趣的语言来框定对话。记住，虽然这种对话可能会将你带入脆弱和不适的阶段，从而让你、你的伴侣和你们之间的关系变得更强大、更富有智慧，但它也可能是一次充满笑声和纯粹娱乐的体验。笑声是一位强大的老师，我们常常低估了它。将这种对话视为一场游戏，既可以让你所创造的空间氛围更轻松，又可以加强你的想法，就像每一场游戏一样，在你即将进入的游戏体验中也会伴有规则。

规则与边界

规则不是坏事。究其本质，它就是一个工具。你问任何一个艺术家，他们都会告诉你创造的限制——他们创作作品的边界或规则，正是让他们取得成功并创造出最佳艺术作品的原因。一个画家如果没有事先给自己规定是在画布还是在特定的墙上作画，那么在确定作品的尺寸、比例和视角时就会完全迷失方向。如果我要拍一部纪录片，但没有预先设定它不能超过 2 个小时，那我可能会花几年的时间努力打造一部 10 个小时的超长纪录片，没有人能坐下来看完它。同样，为对话设定边界的规则，也塑造了对话的空间和范围，确保了参与者有允许自己呈现脆弱的必要安全感。

许多夫妻觉得在治疗师面前讨论他们的问题会更舒服的一个主要原因是，治疗师的办公室是一个受规则支配、有中间人调解的空间。婚姻治疗是一个重要且有帮助的工具。我自己也尝试过，而且很有效。当你们在婚姻治疗之外进行谈话时，可以有意识地创造自己的空间和规则，这样就可以学习成为自己的调解人所需的技能。夫妻双方将创造一个安全的环境，鼓励诚实、开放和独立的自我发现。仅仅凭借你们一起做到了这一点，就能对彼此建立信任产生巨大的影响。在没有任何事情实际"发生"或"实现"的情况下，有时只是待在你们创造的滋养性空间中就足够了。

放下计划

带着开放心态进入对话，和带着具体计划和期待是非常不同的。想要进行一场关于你们关系的探索性对话的意图是开放的，它允许所有的可能性。但是坐下来期待某些好事情或坏事情发生，甚至想要改造或改变你的伴侣，会让你执着于要求伴侣达成某种结果或做出某种行为。如果我们的目标是探索流动的动态、意想不到的视角和新的相处方式，那么将你的体验束缚在特定的期望中，岂不是限制了该体验原本可能带给你的感受？如果只是"玩"你已知的东西，那你就学不到新东西。这种体验的唯一目的是让你们在一起，亲密地联结在一个安全的空间里，诚实地回答你们邀请进入这个空间的问题，让你们发现一些关于对方、关于自身，还有关于彼此间关系的事情。相信你自己，相信你的伴侣，相信体验本身，无论结果如何都是对的，即使结果只是笑声、困惑，甚至什么都没有。如果已经制定了规则，并创造了一个双方都觉得情绪上安全的空间，那么无论谈话变得多么不舒服，也可以肯定这恰恰是你们需要的。

成长之路是被你的恐惧照亮的。在你们双方都感到足够安全，可以展现脆弱的空间里，当恐惧出现时共同去直面它，纵然你们很脆弱，也能自信地待在这种不舒适之中——这会建构信任，增强你们的联结，并让你们的关系超越现有的水平。

物理空间

现在我们已经建立了规则、边界和意图，接下来重要的是让你在物理空间中感到舒适。这样你就不会被干扰，并可以更完全地感受不舒服的情绪。在拍摄 {THE AND} 时，我和团队想出了一些小技巧来帮助参与者实现这一点。我们喜欢让参与者坐在不会吱吱作响的椅子和舒适的地毯上；我们还会在房间里的某个地方点一根蜡烛,这样做只是为了让空间里有一种能量流动的感觉。关键是要让人感觉舒适,没有恐惧。参与者坐下后,我们会要求他们从 1 数到 10,在开始对话之前,让他们把音量从低声呢喃提高到大声喊出来。这样,他们就会觉得自己从听觉上拥有了这个空间。导演会蹲下身与参与者交谈,让参与者可以感到自己讲话的力量。他们被仰视,而非被俯视。导演还会与参与者进行坚定的眼神交流,帮助他们融入这个空间,并为他们做出示范,希望他们在谈话中也能这样做。这些都是可以让参与者感觉对他们所处的、正在被拍摄的陌生空间更有归属感的技巧。如果你在一个非常熟悉的空间,比如你家厨房,你可能不需要通过大喊"10"来开启自己的深度对话。但要确保你对自己所处的空间有所了解。周围嘈杂的声音是否会分散你们的注意力?很多人走动是否让你们无法专注当下?在这个空间里,你和你的伴侣都能感觉到你们是平等的吗?确保你们所处的位置让你们感觉同样舒适,如果可能,你们的位置应该是能平视对方的。

最后一点尤为重要。在体验过程中保持眼神交流,可以加强你与伴侣之间的联结,甚至比你所说的任何话语都更有力量。我们总是确保参与者在提出第一个问题之前,花 30 秒钟来进行眼神交流,因为我们一次又一次地见证了这一时刻的力量有多么强大。无论我们是谁,来自哪里,长相如何,所有人都拥有同样深邃的瞳孔。我们每个人都拥有的这一闪亮宝石,被称为"心灵之窗"是有道理的。在伴侣的双眸深处,你曾看到过哪些无法形容的美,哪些无法言说的真情？开始你们的对话之前，花点时间去探索它们。无论你发现了什么，注视对方的眼睛都会强化你们的共性，并在你们开口说话之前点燃亲密情感的火焰。[1]

---

[1] 如果做不到凝视对方，或这会引发你的极度不适，可以选择与伴侣面对面，闭上双眼，同频呼吸 30 秒。

深度倾听

一旦你们开始对话,深度倾听将是帮助你在更深层面上与伴侣交流的重要工具。它能让伴侣的话语进入你的内心,倾听它们如何让你产生共鸣。深度倾听能让你真正理解对方,这是任何真正有联结的互动的必要基础。在学会表达之前,你必须先学会倾听。

在最基本的层面上,深度倾听意味着用心去倾听——全身心地感受你自己,感受对方的话语在你内心引起的触动。要进行深度倾听,你需要将身心都集中在对方所表达的内容上,不要去考虑自己接下来要说什么。实际上,在进行深度倾听时,你完全无须思考;相反,你全部注意力都要集中在两件事上:一是你的伴侣所说的话,二是这些话带给你的身体感受。

现在让我们来澄清一下我说的"感觉"或"感受"是什么意思。我说的不是你的冲动，而是你内心深处的感觉。你的冲动和你真正的感觉是不同的。"我真的真的很想吃比萨"，这是一种冲动；"我真的不想和那个人在一起，因为他太傲慢了"，这也是一种冲动。我们常常把感觉和冲动混为一谈。我说的不是表面的感觉，而是那些你通过直觉就能感知的时刻。这是在倾听你内心的深层感受，而不是肤浅的反应。

你有没有过这样的经历：你在网上或商场购物，寻找某样礼物或家居用品，突然一眼就看到了一件让你感觉完美的东西？你感觉就是它，但你告诉自己，应该继续看看有没有更好的，或者价格更便宜的。于是，你又花了一个小时去逛其他商店，但最终你还是买了第一眼看到的那件东西。或者当你在公共场合，某个人出于某种原因吸引了你的目光。虽然你不知道为什么，但总觉得应该和他/她说句话。这种感觉并非来自内心欲望或外表吸引，而是其他原因。你不知道为什么，但就是感觉有某种理由要和对方交流。这些理由通常并不合理，但有一种深刻的直觉。当你与那个人交谈，就会产生一些美妙的默契，或者对方提供了一些你一直在寻找的有用信息。即使没有与对方接触，你也会发现在一天中的余下时间里自己仍会情不自禁地想着那个人。这就是我所说的深度倾听时的感觉。相信你的身体和心灵向你传达的这种感觉，它们就像你的直觉。它不一定有道理，但自有其逻辑，也许你现在无法理解，但答案可能会在以后被揭晓。

那么具体要如何做呢？其实，它有些类似于你在冥想时所做的：放空自己的思绪，安住在身体里，当你的伴侣说话时，对自己产生的任何感受都更有觉知——无论是身体层面的还是情绪层面的。你的肩膀是不是绷紧了？对方刚刚说的话是否让你感到焦虑？这些话语是否在你的心里掀起了自豪、渴望或温柔的涟漪？他们说话后的停顿是否让你有一种身处悬崖边的眩晕感？只关注伴侣在说什么以及你的身体是如何反应的，你就会全身心地投入对话中，你会发现自己毫不费力地与你的伴侣和你灵魂中的最高尚、最纯粹的存在建立了联结。

※※※※※※

现在，你可能会问："如果我一直没有机会想清楚要说什么，又怎么能尽我所能参与对话呢？是我的大脑在说话，而不是我的身体。我怎么知道我的身体在说什么？"这种担忧完全可以理解。我们太习惯于依赖我们的大脑，而非我们的身体，以至我们几乎没有任何经验来见证我们的感觉所蕴含的强大力量。但相信我，它就在那里，鲜活地存在于你的情绪中。感觉和情绪都储存在你的身体里。你只需要放慢脚步，为你的感觉留出空间，让它通过你的身体参与你的对话。一个很好的方法是关注你的呼吸。呼吸是深还是浅，它游走到哪里了，它不想去哪里，它在哪里受阻了，这些都在告诉你身体什么地方处于紧张状态，可以让你快速地进入深度倾听的状态。

在现代社会，这可能是一个很高的要求。随着我们的世界越来越被科技填充，几乎人人都有加速的冲动，希望一切都尽可能高效、按需进行。在一个专注于行动力的当下和未来，缓慢而自然的感知能力面临着被遗忘的危险。至少，我们已经对此生疏。但正是我们感受和意识到自己感受的能力，使我们有别于科技，并能引领我们走得更远。无论人工智能变得多么先进，以至其思维速度超过了我们任何人的理解能力，它都永远不会拥有与我们相同的感受能力。这是我们共同拥有的不可剥夺的超能力。

感受有自己的节奏。它们不能被催促或加快到超级计算机的速度。因此，当你的伴侣说完了，而你也结束了倾听，接收到了这些话语带给你的感受时，有短暂的沉默是没有问题的。事实上，我鼓励你花一点时间，来让这个开放、充满可能性的空间自由发展。静默如同空白的画布，你可以在上面构思你的答案。如果你一直在练习深度倾听，那么你可能不需要太费力气来思考你的回应。通常，你会发现一个富有洞见的回应就在那里等着你，身体的直觉会毫不费力地引导你找到它。即使它不太合理或不好理解，也要允许自己把它表达出来。这是你的身体在说话。那就表达出来，看看会发生什么。它可能会把你带到一个用大脑和认知无法到达的地方。

我第一次意识到深度倾听是在担任制片人期间。每当我着手制作一部纪录片时，我都会发现自己会花若干小时进行采访。当我向采访对象提出一个又一个问题时，我开始注意到，我越是关注采访对象的话带给我的感受，我的提问就越好。每当我试图比他们快一步，在他们说话时一边自动微笑点头，一边绞尽脑汁构思下一个好问题时，我想出的问题通常都不贴切，且流于平淡。它们不会激发出有见地的反应和陈述，只能得到泛泛的回答——人们预料之中的回答，或是没有太多感情色彩的回答。但是，如果我真正专注于我的采访对象，专注于我自己，专注于我们之间形成的联结，我就会完全置身于对话中，就能感觉到下一个要问的问题。问题直觉地浮现在我的脑海中，我不费吹灰之力，只需倾听身体的声音。起初，我很难相信。要让我的头脑摆脱对下一个问题的追求并不容易，我想把问题排好队，等着把它塞进出现的第一丝沉默中。但我一次又一次地发现，只要我沉浸在自己的感受中，全然地与另一个人在一起，最适合那一刻的问题就会出现。这一切的发生如此毫不费力，如此可靠，以至我几乎觉得自己打开了通往其他事物或地方的大门。你可以称之为集体无意识、本原、宇宙、你的超我，或者任何对你最有意义的东西，但那些完美的问题似乎来自我之外的某种更睿智的意识。

一旦我开始相信这个过程是有效的，我便全身心地投入其中。多年来，我都是这样进行访谈的，但直到我开始制作 {THE AND}，我才真正考虑去命名这个偶然发现的工具。我观察了大量的对话，逐渐意识到不进行深度倾听是很危险的。我注意到，即使参与者密切关注他们的伴侣在说什么，如果他们没有专注于自己的情绪，也会倾向于用我称为"文化口头禅"或"社会定式"的回应方式，而不是针对特定的互动或关系做出真实回应。

记得我拍摄过一系列单身参与者的对话。这些人都是第一次见面，目的是看看彼此间能否擦出浪漫的火花。每当被问到"你觉得我为什么到现在还是单身？"这个问题，相当多的参与者会立刻机械性地回答："因为你还在探索你自己。"这种情况在不同的对话、背景完全不同的人之间发生了太多次，我实在无法相信这是参与者结合自己的独特情况后产生的自然反应。我感觉这就是一种文化口头禅，是社会给我们编写好的程序，用于在特定场景中给出我们认为合适的回应。

这到底是不是真的？独处真的是我们了解自己与他人关系的最佳方式吗？还有什么比观察自己与他人的关系、从他人身上学习，以及从自己对他人的反应中学习，更能发现自己是谁呢？这就是绕过大脑，关注身体——感受所在的地方，培养深刻而真实的联系如此重要的原因。

正如"和"暗指两个人之间的空间，它也暗指心灵和身体之间的空间。正是身体的感受与心灵表达这些感受的能力之间的联系，让我们可以投入深度倾听中。与身体相连，倾听感受，相信它告诉你的一切。

深度倾听的方式有以下几种：

- 把意识聚焦在你伴侣所说的话上。
- 对于自己当下的感受保持好奇和觉察，包括每一刻你身体和情绪的感受。
- 在伴侣停止讲话之前，你不要试图去想怎么回答。
- 当对方说完，继续倾听你的感受时，也许有共鸣的回应就在那里等着你，即使这种回应是一种身体感受到的有联结的沉默。记住，这不一定要有意义。你只需让身体去说话。
- 关注呼吸，是调频、与你的身体重建联结的绝佳方法。
- 相信你的直觉，相信出现的一切，然后大胆地在这个空间里分享。

如果你对法国哲学家勒内·笛卡儿只有一点了解，那很可能就是他宣称的"我思故我在"动摇了17世纪的思想基础。虽然这句话在他那个时代可能是革命性的，但如今，在一个认知处理工作越来越由计算机承担的时代，我相信如果把笛卡儿的格言改为"我感故我在"，人类——尤其是我们的人际关系——将受益匪浅。这句格言可能会彻底改变认知哲学和21世纪的科学发展方向。

情感表达

如果你走入一个清晰的空间，通过深度倾听来探索由有力的、精心设计的问题所带来的答案，那么结果就是你会提高我所说的情感表达能力。情感表达指的是练习为我们的情绪发声，让倾听者感受到它们的力量和分量。你可能听说过"情商"这个词（现在已经有点过时了），它是一种能够读懂、理解和共情自己和他人情绪的技能。情商对于进行这些对话非常重要，但这只是第一步。情感表达是一种理解情感的技能，它将情感从抽象的领域中抽离出来，通过语言表达这些感受。

学习用一种诚恳、清晰、易于理解的方式向你的伴侣表达自己的情感，会将你们的对话深度提升到另一个层次。但这样做并不像听起来那么容易。在我们的社会中，很少有人在成长过程中能掌握这项技能。人对情感的体验各不相同，许多人也很难用语言向他人表达自己的情感。当我们尝试用语言表达情感时，我们的文化往往鄙视这种发自内心的情感表达，认为这是陈词滥调或虚伪之言。改变这种习惯需要一个过程。一开始，掌握情感表达的技巧会让人感觉不舒服。但本书中所谈论的对话就是磨炼这种技巧的机会。每一次，你和他人坐下来进行一次有联结的对话，都会发现更加容易用语言表达自己的情感。幸运的是，你不一定要成为情感表达的大师才能成功地进行这些对话。不过，进行这些对话肯定会提高你的情感表达能力。

我还记得有一次见到我的姐夫和他女儿一起做 {THE AND} 卡片游戏的场景。当时我们刚吃完晚饭，围坐在一张大桌子旁。时值圣诞节，屋子里的炉火温暖舒适。当时我的姐夫的两个正处于青春期的女儿很想玩这个游戏，所以我们就拿出了家庭版的卡片。我的姐夫是一个慷慨善良、家庭至上的男人。但在那个晚上坐下来玩这个游戏之前，他并没有练习过如何表达自己的情感。随着大家对话的进行，他19岁的女儿抽到了一张卡片，上面写着"你最欣赏我哪一点，我自己却没有意识到？"，于是，我们开始轮流向她分享自己的想法。轮到她父亲的时候，我看到姐夫的表情发生了变化。很明显，他有非常强烈的内心情感想要表达，却找不到匹配的语言去描述。他磕磕绊绊、结结巴巴，越是想向女儿吐露心声，就越是难开口。情感的浪潮冲击着堤坝，泪水终于决堤而出，因为他实在无法将这些情感用语言充分地表达出来。

尽管如此,那一刻还是非常震撼。通过他们的眼神交流,以及一起坐在那个空间里的意愿,情感的精髓从父亲那里传递给了女儿,只是没有被表达出来而已。无论他说还是不说,她都能感受到父亲的爱。但是,如果父亲能够用语言表达他的情感,难道不是一份美好的礼物吗?通过体验那一刻,我的姐夫得到了练习情感表达的机会,锻炼了他的表达能力,下一次他将更可能用语言表达他的真挚情感。

那么,我们如何在自己的谈话中学会这样做呢?我能给出的最好建议是,要克服我们许多人在情感表达时本能产生的不适感,需要练习,练习,再练习。幸运的是,当你决定进行本书中描述的对话时,你已经为自己提供了一个练习这项技能的绝佳机会。当你尝试本书中的 12 个问题或玩 {THE AND} 卡片游戏时,请留意自己有多容易或多难将过程中的各种感受转化为语言。休斯敦大学著名研究教授、畅销书作家布琳·布朗在她那本非常有帮助的书《心灵地图》(*Atlas of the Heart*)中说:"语言是我们通往意义生成、联结、疗愈、学习和自我觉察的门户。找到恰当的语言便可以打开整个宇宙。"这就是为什么她在书中努力用文字描绘出 87 种情绪。当对不同情绪对应的词汇有了共识时,我们就更容易理解彼此。

当和伴侣互相提问时,你要尽可能保持深度倾听的状态。深度倾听可以成为你最大的盟友之一,增强你真诚表达自己情绪的能力。

还记得在深度倾听时，你是如何联结自己的身体，关注自己的直觉感受，并让适合特定时刻的回应出现的吗？跟随你的感受，它可能引导你想到一个图像，或是你生活中的一段逸事，这些刚开始似乎与你听到的问题并无关联。但无论它看起来多么奇怪或跑题，不妨试试跟随它。无论它是什么，大胆表达出来。你可以从"我的头脑中现在冒出来的是……"或"我感觉，我……"开始。请相信你的直觉已经指引你来到你需要来的地方。如果你在情感表达方面有困难，这将是一个强有力的练习，帮助你用隐喻和讲故事这两种最艺术的方式来表达你的感受——把像情感这样丰富庞大的东西塞进我们称为"语言"的小小容器中。

除了深度倾听自己，别忘了留心伴侣的话语带给你的感受。也许你会发现伴侣的情感词汇很丰富，你也可以借来一用。有时候伴侣可以成为我们情感表达的好榜样，越进行这样的对话，我们学到的就越多。

{THE AND}是另一个极其宝贵的资源，它为人们提供了有效的情感表达模式。本和西德拉是一对已婚夫妇，多次参与{THE AND}的录制，他们表达情感的方法特别有吸引力。

在他们最近一次为{THE AND}录制的对话中，西德拉首先发问。她是一个个头较高、外表颇有吸引力的女人，棕色刘海刚好垂到棕色眼睛的上方。她问本："我今年做过最让你吃惊的事情是什么？"本深吸一口气，他灰绿色的眼睛盯了天花板一会儿，让自己完全沉浸于自己的感受。这些感受将他带入了一段深刻的回忆，他以丰富的细节和饱满的情感分享了这段回忆。

"我当时正在翻你的包，"他开始说，然后突然哈哈大笑，急忙补充道，"因为当时你让我帮你拿东西！"

本发现西德拉的背包里乱七八糟，他形象地说像一个"雪貂窝"。里面堆满了西德拉匆忙塞进去、遗忘已久的生活垃圾，包括"一根已完全腐烂的香蕉。好像至少放了一个月，而不是一周"。本和他的伴侣一起笑了一段时间。然后，这段记忆中的情感联结将他带到一个不那么好玩、更严肃的状态。他的笑容逐渐消失，眼神中充满了强烈情感，他开始进入故事的核心。

"与此同时，你继续和保险经纪人通电话，说着火灾的事情，而我在旁边听着。"一瞬间，他好像从头到脚都充满了喜悦，容光焕发。他满面笑容地看着西德拉，继续说："这两个看似无法并存的事情，实际上却是同一个女人的一部分……我看着你在不停地行动、行动、行动——一边把孩子抱在臂弯，一边处理其他事情。这让我感到非常惊讶。"

在我看来，本的身体已经尽可能完整地向伴侣传达了他的内心情感。看着妻子优雅地应对压力巨大的情境，他内心纯粹的幸福感在他的手势、行动和脸上每一寸笑容中一览无余。他惊叹于西德拉的坚强——那时她的背包清楚地显示出她当时的生活有多么紧张和忙碌。他对西德拉的能力和脆弱无助的双重特质满怀爱意，同时还因为能见证这两种状态共存而欣喜若狂。这一切都清晰可见。

本在讲述这段故事的过程中，向我们和西德拉展示了他对这段记忆的真实感受。但他并没有就此止步，最后他说："在你身边看着你把这两种状态都展现出来，对我来说真的很令我开心。"通过这句话，他把身体里流淌着的和眼睛显露出的情感用一个简单的词表达了出来。

本需要明确地将他的情绪命名为"开心"吗？难道西德拉没有看到他用其他方式表达开心吗？我们有很多非语言的方式来表达我们的情感，所有这些方式都可以成为我们与伴侣沟通时宝贵的、强大的联结点。语言只是表达爱意的一种方式。虽然我从来不认为语言是最重要或最有效的，但只要看看西德拉在本大声说出"开心"这个词时的反应就知道了。她抬起头来看本的时候，是充满爱意的表情——眼睛里噙着幸福的泪水，原本微笑着的嘴一下子就绽开了。就在本表达出他的情感的一瞬间，她的笑容洋溢在整张脸上。她甚至向后退了半英寸[1]，仿佛被本的喜悦之情所击

1　1英寸为2.54厘米。——编者注

中,被这份喜悦所笼罩。

即使在对话——一种主要通过语言进行的互动中,我们也有许多不同的方式来向伴侣分享自己的感受。那么,为什么不努力打磨情感表达的技巧,就像本对西德拉那样,为伴侣送上一份同样的礼物呢？刚开始学习掌握情感表达的技巧,可能会让人感觉不适,但不妨将学习这项技能当作对伴侣和他人的一种奉献。用语言表达我们的情感是我们能给予对方的最美好的礼物之一。但如果你发现自己完全无法用语言表达情感,那么一个简单的、彼此有联结的沉默时刻也足以传达你的情感。凝视你的伴侣,让情感在你们之间的空间流动。

第二部分

12 项练习

经我观察，围绕以下 12 个问题展开的对话练习都能加深亲密伴侣之间的情感联结；同时，我还会重点阐述它们为何有效以及如何发挥作用。我希望你通读本书后，在与伴侣开启亲密对话前回顾这些问题，然后两个人交替提问。在过程中倘若遇到任何困难，可查阅第三部分。

珍藏的三幕：
那些让我们反复回味的共同记忆

问题 1

你最喜欢哪三段我们共同拥有的回忆？你为什么会怀念它们？

> 你身上的某种特质,总让我想起生而为人最美好的那些部分。
>
> ———
>
> 加布丽埃勒,
> 《做了8年朋友后我们开始约会》[1]

你和你的伴侣即将开始一场宣泄式的对话,有时你们可能会感觉像穿越了一场情感风暴,沉浸于联结带来的纯粹喜悦中,又像对关系做了一次开膛手术,或者同时出现以上所有的感觉。是的,可能会有非常多的感觉。因此,在深入探索你们的关系之前,重要的是提醒自己为什么这段关系会存在。虽然伴侣的某些特质可能会吸引你,但你们共同创造的经历才是所有关系的基础。通过一起重温这些经历,关系赖以建立的爱和信任会被重新看见和重视,从而加强联结,让你们为即将到来的新体验做好准备。

---

1 这个小板块是 {THE AND} 项目在优兔平台上所展示视频中的内容,每个视频包括一组对话,制片人会为视频提炼出一个主题,观众可以观察到人与人之间细微的深层交流和情感联结。——编者注

根深才能叶茂。根扎得越深，树长得越高，对自然环境的适应能力也就越强。伴侣之间的对话也是如此。如果一段关系是在爱和信任的基础上茁壮成长的，那么它就会有足够坚实的根基，枝繁叶茂，伸向未知的、未曾探索过的，甚至是令人不舒服的领域，同时仍然保持着抵御任何可能出现的风暴的能力。

第一个问题的作用是增强你和伴侣之间的联系，让你们的关系固定在一个积极的空间里，从而提醒你们，共同创造的珍贵回忆让你们的关系多么根基深厚，多么盘根错节且密不可分。

回到最初的火花

我们精心设计了你们即将进行的对话，从追溯你们关系的起始，一直到你们梦想拥有的共同未来。这个问题要求你们重新回到共同拥有的记忆，追溯你们一路的难忘历程。

一段关系存在于过去和未来之间持续不断的拉扯之中。它从伴侣相爱的 A 点开始，只要持续下去，就会朝着遥远的 Z 点——伴侣对未来的希望和憧憬——前进。中间会有很多点，但 Z 点永远不会真正到达，至少在这段关系结束之前不会。随着一段关系以及关系中每个人在人生旅途中的变化，新的梦想和计划会不断出现，Z 点不断被推向未来。因此，你们的关系总是浮动在这两点（起点和终点）之间。这中间的空间也在不断变化。它就像汪洋大海，充满了各种经历、挑战和冒险，关系就在其中航行。你在关系中移动，而关系自身也在移动，让你加速、减速，并改变你们共同旅程的航向。

虽然 Z 点永远在地平线之外，你们此刻所处的位置每时每刻都在变化，但这段关系的 A 点却是稳定的，它根植于你们共同创造的美好回忆之中。不妨将其想象为你们共同起航时海边的美丽小镇。当你们在生活和变化的巨浪中航行时，那个小镇对你们来说不仅是一种慰藉，还能成为一种稳固和指引方向的力量，陪伴你们未来的冒险旅程。

想要更好地了解自己所处的位置以及要前往的方向，重要的是要记得你来自哪里，而这在日常生活中并不一定容易做到。当然，你们共同航行的大海已将你们带离了起点，你们的关系也已不同于初恋的时候。也许大海已经平静下来，变得更加轻松，比以前更加稳定，也许你们目前正在经历狂风巨浪，让人兴奋、恐惧，或两者兼而有之。

无论你们此刻走到了哪里，过往的旅程都充满了回忆，那些只有你们二人协作才能创造出的回忆。回到起点，看看你们已经一起走了多远，可以在伴侣之间建立信任，也是对伴侣之间联结的认可。你们一起创造了你们独有的共同时刻。你们之间独特的联结共同作用，形成了指纹一样独一无二的回忆。在生活的风风雨雨中，人们很容易忘记彼此的联结存在哪些具体的可能性，以及是什么巩固了你和如今这个朝夕相处之人的爱情。这个问题让你们聚焦最珍贵的回忆，让你们深刻意识到这些回忆只存在于你们共同拥有的时间和空间里，从而从根本上巩固你们当下的联结。

在回答这个问题时，你可能会发现自己选择的三段回忆和伴侣的选择不同，或者经由这个问题的讨论，一段本已忘却的美好回忆被再度唤醒。当你们重温这些联结的时刻，请尽情享受这种欢乐吧，因为它能帮助你们共同巩固爱情的根基。请记住，你们现在和未来要一起创造的美好记忆，都是属于你们的共同记忆。你们独特的联结共同作用，能将你们共同度过的任何时刻都变成一段珍贵的回忆，让你们在未来可以深情回首。没准这次谈话就可能成为这样的回忆。谁知道呢？

当我们邀请参与者第二次或第三次回到 {THE AND} 项目时，我们通常每次谈话都会让他们问这个问题，而几乎每次他们选择的记忆都不相同。虽然这个问题问的是过去的事，但也是一个提醒——你和你的伴侣总是在不断地创造记忆。陶醉于这些珍贵的时刻，也是在提醒自己：新的回忆也在不断诞生，而且同样甜蜜。

凯特和克里斯蒂娜：将笑声重新书写进属于你自己的历史

在凯特和克里斯蒂娜参与 {THE AND} 对话时，她们就这个问题进行了一次非常美妙的探索。结婚 5 年，这对年轻的伴侣有着丰富的美好记忆可供选择。

当凯特问出这个问题时，克里斯蒂娜的褐色眼眸先是在眼镜片后睁得大大的，然后又紧紧眯起来，长长的头发衬托着她的脸庞，她开始找寻自己想要分享的时刻。

"太多了，真是难选！"她说话的同时一边思考，一边用长指甲轻敲着下巴。凯特笑了，向后仰起她的光头，给克里斯蒂娜留出空间来搜寻她们的共同经历。我敢打赌此刻凯特也在快速地回顾她们的过往，好奇自己的伴侣会选择哪一段来分享。

"我想我会选那些让我笑出来的记忆。"克里斯蒂娜决定道。她记起有一次她们差点一起非法闯入了一所房子。立刻，克里斯蒂娜在那段过往经历中体验的笑意瞬间转移到了凯特那里，凯特露出灿烂的笑容，继而哈哈大笑，回忆着那次的冒险经历。

"还有我发现自己怀上杰克逊的时候，"克里斯蒂娜继续道，"感觉太不真实啦,不开玩笑,我当时内心好像说:'嘿!这真的会发生。哇,太酷啦!'"她再一次让凯特开怀大笑,这次克里斯蒂娜也笑了起来。在我看来,随着记忆的分享,她们之间的联结越来越强。她们的动作像镜像一样,同时欢笑,头偏向同一角度,同时露出灿烂的笑容。

"好吧,这算两个了。"克里斯蒂娜停下来思考,"也许还有我们花两三个小时去新泽西看房子的旅行,我们在玉米地里迷路了。然后搭了一个古怪陌生人的顺风车,我甚至怀疑我要因此丧命。"再一次,克里斯蒂娜的故事激起了凯特的笑声。但这次是一种难以置信的笑,凯特震惊得眼睛都睁大了。在我看来,她似乎认为这段记忆没有那么积极正向或值得怀念,至少对她来说是这样,因为她认为这是一件挺吓人的事。

"哇。"她惊讶于克里斯蒂娜会喜欢这段记忆。

"我是因为和你在一起,所以才觉得有趣!"克里斯蒂娜解释说,"还有,我们最终还是安全回来了。"凯特低头思忖片刻,点了点头,笑了。是不是这段一直被她视为负面记忆的往事现在被完全重塑,成了她欢笑的来源呢?是不是听到伴侣从自己视角的分享也给了她重新书写这个故事的机会呢?

第二视角的价值

我们的过往是我们能记起的所有时刻的总和。但当这些时刻发生时，你在多大程度上能够意识到你正在创造和构建自己的记忆呢？有时，你需要另一个人来替你回想起往事，让你意识到过往生活是如此丰富多彩。关系中最重要的礼物之一，就是人生中有一位伴侣同行，帮助你记录生命中最重要的时刻，并提供不同的视角。

看一看凯特和克里斯蒂娜之间发生了什么吧。对于二人共同经历的过往，克里斯蒂娜的视角影响了凯特的情感回忆。我们虽不能确定，但也许凯特现在对于伴侣对这件事的体验有了更多了解，这也永久改变了她的记忆。在我自己的生活中，也发生过很多类似情况。从这一点来说，我那个比我小 15 个月的弟弟真是父母给我的最好礼物之一。因为年龄相近，我经历过的许多重要时刻都有他在场。每当我听到他从他的角度复述我们共同的经历时，我的记忆都会得到前所未有的更新、完善和丰富。突然间，我的过去变得更有深度，也更有意义了。

和我们所爱之人一起创造新的回忆固然极好，而通过和他们一起大声重温过往记忆，最后重新创造这些记忆，难道不是同样神奇吗？如果把我们的生活，甚至我们的身份，看作所有经历的累积，那么这些经历的记忆在我们头脑中越丰富、越有活力，我们的生活就越丰富、越有活力。此外，我们的记忆会随着时间而改变。通过与伴侣的交流，我们能够留意到各自回忆的不同，并因此了解什么事情对各自是最重要的。我们选择记住什么，在很大程度上说明了我们最重视的是什么。

关于使用这个问题的建议

当这个问题被问出来的时候，参与者会试图努力找到最高光的"正确"记忆。他们绞尽脑汁寻找最完美的经历——他们最钟爱或最深刻的记忆。但是请记住，这个问题并没有正确答案。任何浮现出来的记忆都是适合此刻对话的。

如果你发现自己实在苦于做选择，那就让自己进入深度倾听，放下关于要分享什么故事的思考，将注意力集中在自己的情感上。它们会引导你找到三段最适合此刻的记忆。

初见的模样：
第一印象的演变轨迹

问题 2

你对我的第一印象是什么？它是怎么随时间改变的？

> 我感觉我们的关系是我生命的基石。
>
> ———
>
> 本,
> 《我们婚姻中最艰难的时光》

我们常常会爱上自己对伴侣的第一印象,那个我们告诉自己对方是谁的最初的故事。这种情况下,这段关系的其余部分往往会和最初吸引我们的故事形成对话,甚至变成对它的挑战。它就像一个锚,当我们的人生旅程不可避免地将我们带向改变的大海时,我们就会奋力拉住它。

我们对伴侣的第一印象是持久的,无论好坏。然而,无论第一印象有多么强烈,它都只存在于你的头脑中罢了。毋庸置疑,自你们初次见面以来,你的伴侣已经发生了变化,你也是。你们早已不再是当年坠入爱河的那一对了,但你们是否还留恋着昔日恋人的幻影?旧日之锚是否阻碍了你们双方或其中一人成长为新的自己?关于对方是谁,你的第一个故事是什么?随着你们共同或各自的成长，故事又发生了怎样的变化？

顺应改变还是逆流回溯

随着你和伴侣共同生活，持续发展的关系会不断挑战伴侣给你的第一印象。当初的印象会和眼前人形成鲜明对比，让你从整体视角看到伴侣的改变之路。可能你的伴侣在某些方面的改变是逐渐发生的；可能你几乎未曾觉察到这些改变，或者把它们视作理所当然，抑或这些改变使伴侣离最初吸引你的样子越来越远，所以你不想承认。我们中的一些人，或者说我们的某些部分希望一切保持原样，完全不要有任何改变。你在回答这个问题的时候，有机会探索伴侣经历的全部改变，并意识到双方的变化。这可以让你们活在不断变化着的关系中的当下时刻，而不是逆流回溯过往。

当你再次谈及伴侣给你的第一印象时，你会很自然让自己重温并思考：你是如何与那个印象中的人关联在一起的——那个虽然已经不复存在，但可能仍然在你的头脑和内心占据着很多位置的人。那是你还爱着的人吗？你是否还在用过去的标准和故事来衡量你的伴侣，而不是珍惜使他/她成为现在的自己的变化？他/她的改变是否具有破坏性，而这种破坏性是否可以通过你有意识的觉察或干预有所改善？

还是说，伴侣随着时间推移而发生的变化正是最让你为之骄傲的地方？也许大声说出这些变化，会让你有机会向伴侣表明你已经意识到他／她的勇敢、力量和成长。你最近有向他／她说起过这些吗？此刻是不是给予他／她这种赋能认可的最佳时机？

不管这些变化是什么，更多地觉察它们都可以让伴侣之间产生更深的信任。它们是你们经历过的一切的证明，是你们共同旅程中的路标和里程碑，提醒你们今夕不同于明日，明朝亦非今日。

凯特和基斯：看见不同

当基斯问凯特自己在 {THE AND} 对话中所发生的改变时，凯特扬起眉毛，看着坐在她对面的伴侣此刻的样子，说："变了很多。"基斯一头短发，耳朵上打着好几个耳洞，一双专注的绿色眼睛，这双眼睛与他绿色的领带和按扣衬衫相呼应。"很多。"

听到凯特对他漫长曲折旅程的肯定，一丝不易觉察的骄傲神色闪过基斯的面庞。凯特进一步补充道："你知道的，从生理上来说，（你）从女人变成了男人。"她的声音这时变小了，很明显她要做进一步的说明。感觉到这一点，基斯把身体向她前倾过来，好奇有什么是凯特注意到，而自己照镜子时没有发现的。"你一直对你的工作充满热情，"凯特继续道，她甩动着乌黑的头发，等待着合适词语的出现，"但是我认为现在更是如此，我认为你现在是一名真正的商人了……而且，你看，这就是你喜欢的样子。"

听到凯特对自己的看法，基斯露出了无比灿烂的微笑。当伴侣大声说她看着他成长为自己所爱的样子时，基斯会有什么样的感觉？从表情来看，他似乎正在体验一种真正的宽慰感，因为他听到自己的改变不仅仅是身体上的。现在，真正的基斯能够以一种前所未有的方式被外界看到和注意到。

"我很开心听到你这么说，"基斯说，"有时候我不知道你是否看到了我的改变。"

基斯和凯特向我们展示了关注并讨论一个人的改变，可以如何成为一个赋能的礼物。如果我们正在努力，向世界展示更友善、更强大或更真实的自己，往往并不容易知道自己是否已经达成目标。眼睛无法看到自己。但是当我们的伴侣，通常也是我们最亲密的知己，诚实地对我们说"是的"，我们在成长，我们在改变，我们在成为想成为的自己，这何尝不是一种宽慰，不是我们继续向前的最好的鼓励。

但这个问题带来的机会远不止一个肯定，基斯和凯特强有力的互动也向我们展示了这一点。当他们继续讨论基斯的转变和他所经历的变化时，一个问题出现了——如果没有更多的改变发生，或者发生得不够快将会怎样？凯特给了基斯充满能量的鼓励，让他继续走下去。如果他停下来会发生什么？如果他选择一条不同的路，又会怎样？

"基于我过去经历过的关系,我会有一些期待,"凯特告诉基斯,"关于事情的发展,人们改变的方式,以及做事的方式。所以有些时候我会害怕,害怕事情办不到,或者我会失去耐心。"

当她表达这些时,基斯专注地看着凯特,紧张地摆弄着双手,眼睛睁得大大的,身体前倾,全神贯注,鼻头因紧张而涨得发红。看起来凯特不是唯一对这个话题心存恐惧的人。基斯在想,凯特会向他发出最后通牒吗?他的转变是否要依从某个时间表,这样他们的关系才会有未来?

"但是,"凯特继续说,"就算没有做到,我还是想要和你在一起。这一点你应该知道的。"

"我其实并不知道。"基斯说。他内心之前一直在积聚紧张和恐惧,此刻他终于长长地舒了一口气,眼泪汪汪地说:"谢谢你告诉我,我真的不知道你是这么想的。"

你已经可以看到这个时刻的沟通与澄清在两个人中打开了一扇前所未有的大门,而这扇门通向他们关系中新的可能性。

不断地发现对方

改变是生命中无比强大的力量。实际上,它是唯一一个永恒的存在。生命中唯一确定的是改变总会发生。只有当我们死亡时改变才会停止。它可以控制我们的期待，可以让我们充满怀念、感恩、愤怒或释然。但留意它是如何进入你的生活和你们的关系的，也会增加你对伴侣和人类整体的理解。

随着时间的流逝，你对伴侣成长的了解也会加深，这往往会让你重新理解你们共同经历过的时刻。关注并欣赏这一过程，会让你有理由去感谢你对伴侣的印象是如何随着你对其了解的加深而改变的。回顾当初你自认为理解的事情时，对于你们共有的回忆，你可能会突然发现一个令人惊讶或更精妙的视角。

以下这个例子对你来说可能很熟悉。在你们关系的初期，伴侣对你说了一件关于他/她自己的趣事；一年之后，他/她又对你说了一遍同样的事情。当他/她重述这件事的时候，你可能会想："好吧，我都已经听过了，这不是在旧调重弹吗？"是的，你确实是听过了，但是因为你对故事中的那个人的理解不同了，这个故事的意义也就不同了。忽然间，关于伴侣所经历的故事，你可以在脑海中看到一个更清晰、更完整的版本了，因为对于故事的情境和故事的主人公，你已经有了更多的了解。新的理解和意义代替了过去的理解和意义。一个简单的例子是：如果你们初次约会时一起坐了过山车，而且玩得很开心，一年之后，你发现其实你的伴侣超级害怕坐过山车，当初只是假装勇敢来博取好印象。现在，那次约会中伴侣的表现有了全新的意义——他直面了自己的恐惧。曾经看上去简单的欢乐时光的背后是他在勇敢面对自己的恐惧，目的只是与你建立联结！比起当初，现在你可以更深刻地欣赏伴侣的这一行为了！

人类极少如我们表现出来的那么简单。我们需要时间并建立真正的亲密关系，才能剥开我们身上的层层外壳。你对某人的第一印象是对方吸引你之处，但你和那个印象的关系会随着时间推移而改变、加深或扩展。你是否意识到了这一过程？你是否在持续更新你对伴侣的认知？你是否在不断重新发现他/她？在最充满活力的浪漫关系中，伴侣都会努力关注对方当下的变化，意识到身边人是在不断变化的。

关于使用这个问题的建议

当你提问、回答这些问题，并体验随之而来的情绪时，请温和地觉察：你有没有通过想让伴侣保持过去的样子，以此来对抗对方自然的改变趋势？或者与之相反，如果看到伴侣成长为自己的样子，你是否满心欢喜？让这个问题成为你的一个觉察机会，看看你是想要挽留过去还是想活在当下？

改变是自然发生和不可避免的，是值得珍惜的事情，也是对你们一起走过的那段路的一个提醒。因此，尝试用好奇和客观的方式来看待你所留意到的改变，而不是去做价值评断。如果你不急于去评判这些改变,而是保持温和的觉察,你可能会因为自己的发现而惊喜。随着伴侣年龄的增长,你可能不确定对方的身体是否还像过去那样吸引你,但是也许他/她成长为自己的独特方式会对你更有吸引力,是一种特别珍贵的美好。也许你的伴侣过去很能赚钱,但现在他/她决定追求收入较少但更能满足情感需求的梦想,你们关系中的一些事情因此会变得更具挑战性。觉察他/她追寻自己热爱之事的决定,是让你为之感到骄傲还是让你心怀不满?好好体验这份觉察在你心中产生的任何情绪。请尝试记住,你所留意到的每一个改变都是你的伴侣当下真实的样子。时光不可倒流。你能接受这一点,甚至更进一步,珍惜它吗?

最近的时刻：
心灵共振的瞬间与缘由

问题 3

你在什么时候
感觉和我最亲近？
为什么？

> **你就是我的家。**
> ———
> 拉法，
> 《多元关系与一夫一妻的爱情》

在这个问题的对话过程中，你会和伴侣重新回顾、设想和讨论你们经历过的一些重要时刻。在对话开始的时候，你们都已经各自分享了三段特别的记忆，它们是你们共同建构的爱的基石。你们选择这些记忆是因为在你们心目中它们是突出和特别的。但正因其特殊的属性，它们也是异常的，即不是每天或每周都会发生的事情。

珍惜那些重要事件，它们是让你们的爱情屹立不倒的支柱。同样重要的是在跌宕起伏的生活中将关系维系在一起的黏合剂，它由许多微小的时刻组成。这些不断出现的亲密时刻将你们紧密相连。有时候它们是如此微小，以至于你都没有意识到它们正在发生。就如同生命中一些简单却美好的时刻，在我们还没有意识到的时候已经溜走。这正是我们可以进行正念觉察的时刻。虽然这些听起来显得很老套，但停下脚步，花点时间留意阳光照在脸上的感觉；口渴难耐时，感受啜饮一口水的滋味；欣赏篝火跳跃时不可思议的美丽，这些都是与生命的丰富深情相拥，与让它们从指尖白白溜走不同。一段关系也是如此。不论是每周的电影之夜传统，漫长一天结束前的一个吻，一个总是让你们捧腹大笑的内部笑话，还是在家里吃完饭后一起洗碗，这些简单的时刻可以成为伴侣之间最强有力的联结点。这些共享的隐秘时光就是你们联结之墙的黏合剂。

这个问题是一个机会，让你可以关注并发现那些简单的亲密时刻，有意识地将觉知带到与关系深度融合的亲密层面上，虽然它们具有联结的力量，却很容易被忽视。

找到那些显而易见却被忽视的独特联结

前两个问题已经慢慢将你和伴侣从过去带入当下的关系。当我们来到双方共同存在的当下时刻，这个问题将你们从思考模式带入正念（有意识的）观察。注意这个问题问的是"你在什么时候感觉和我最亲近？"，而不是"你曾经在什么时候感觉和我最亲近？"，这样问的目的是寻找那些在日常生活中反复出现的时刻。这对你们双方都是一个机会，让你们看到关系中的实际行动，以及这些行动是如何日复一日将你们紧密相连的，无论瞬息万变的当下会给你们带来怎样的波澜。

如同每段关系、每个生命、每个人都是独一无二的一样，这些时刻属于你们，而且仅属于你们。无论表面上它们看起来有多么常见和平凡，都交织着你们亲密关系的独特之美。就算你的答案看起来非常直白，比如，"当我们做爱的时候"，也请觉知你为什么会选择那个时刻，你会发现是你选择的重复性时刻中的具体细节，激发了你对伴侣的亲近感。这些细节是你们之间独特的联结。如果与你共度那个时刻的人并非眼前人，那么这些细节也不会存在。当你回答这个问题时，让这些时刻把你们之间最亲密的细节一点点拉出来，像把一根根线从你们共同编织的生活里抽出，放到眼前仔细察看。若非仔细观察，人类联结中的复杂精微之处很容易被错失，但正是它们给联结赋予了力量和活力。一起重温这些小小时刻，将提醒你和伴侣之间的特别存在，以及你们可以多么简单地随时加上新的针脚来增强联结。

无论在回答第二个问题（你对我的第一印象是什么？它是怎么随时间改变的？）时你和伴侣注意到了彼此的什么改变，你们现在所讨论的这些亲密时刻都会在共同生活中继续出现。因此，就让第三个问题来证明，无论你们各自经历了怎样的变化，有规律的亲密行为不仅依然存在，还会继续被你们的关系激活。专属于你们爱情的那些细节一如既往。

马迪和马丁：让这一刻为他们所有

马迪和马丁在为 {THE AND} 拍摄对话之前已经约会了一年多。

他们都很年轻，都带着坦率、有魅力的微笑，有着几乎相同颜色的淡棕色头发——他是长卷发，她是短波浪发，他们的眼睛也都是浅蓝色的。当马丁问马迪这个问题时，她深深地吸了一口气。可以看出她正在翻找记忆中和马丁在一起的时光，寻找她最想要分享的那一刻。她很快找到了，她咯咯笑了起来。"这有点奇怪，有点特别，"她边笑边说，"通常是在你睡着的时候。"

她继续告诉马丁当他们吵架或发生不愉快之后，两个人在床两头睡下，感觉不到有什么特别的联结。她往往会在半夜醒来，在那个时候她意识到，马丁仍然在她身边这个事实，远比他们因任何事情而起的任何冲突都更重要。这就是她感觉到和他最亲近的时候——看着自己的伴侣熟睡，这是一个隐秘却强大的和解瞬间。

"我像是对自己说——你到底在想什么呢？"马迪说。这是在意识到与他们的感情相比，冲突根本不值一提时她会告诉自己的话。马丁原本专注的表情在此刻绽放出笑容。"我们原本可以拥抱彼此，我为什么要浪费时间（背对着你）呢？"马迪继续说道，笑容与马丁如出一辙。她解释说，在感受到他们之间联结的力量超越了彼此之间的裂痕之后，马迪会小心翼翼地依偎在马丁身边，尽量不吵醒他。

从马丁的反应来看，她并非总能成功做到这一点，马丁记得自己不止一次在夜里被和解的拥抱唤醒。

"是啊,"他回应道,"我很喜欢午夜的时候,你那个时候……"他停止讲话,开始用哑剧方式演绎出午夜的拥抱。他眼神中的兴奋,让我感觉他可能在那个时刻非常感激这样的事情发生,现在,听到马迪的回答之后,他对这些时刻的深刻性和重要性也有了更深的理解。

他们二人深入探讨了这一共同的亲密时刻,展开对细节的描述——从几乎不可能不拥抱的小床,到马迪伸手拥抱马丁,拉近两个人距离的具体方式。通过描述和表达,他们将这一时刻置于一个可以被认可和欣赏的位置上。他们因此拥有了这个时刻,分享并沉醉在他们独特的亲密关系中。

亲密关系的冥想

正如我们在 {THE AND} 对话中所看到的马迪和马丁的经历,作为这个问题的答案,这些时刻的美恰恰源于其简单。它们可能是你几乎留意不到的平凡小事。但是一旦开始留意,你就会发现它们分散在你和伴侣共同走过的岁月之中。我最喜欢这个问题的地方在于,一旦这个问题被问出来,你就会越来越关注这种简单的亲密出现的时刻。我愿意和你打赌,相比于你思考这个问题的答案时,在这次对话之后你会留意到更多这样的时刻。更多地觉察到你们之间的联结是如何鲜活、真实地存在于日常生活之中的,是增强你和伴侣联结的最好方式。

发展觉知，觉察你和伴侣之间联结时刻的过程，和正念冥想提供的核心益处有很多相似之处。当你冥想时，平静感充溢全身，纷繁思绪终于停止，你可能很熟悉这种感觉。也许你之前在生活中已经感受过很多次了，但在你开始冥想，并有意识地将注意力集中于这种简单的感受之美以前，你从未注意到它的本质。就个人经验而言，我越多地训练自己在冥想中留意那种感觉，就越能在日常生活中意识到自己偶尔会进入同样的平静。学习留心并欣赏亲密关系中的简单时刻也会给你带来同样的益处：更强烈地意识到你和伴侣之间的联结，并通过创造新的共享时刻来加强这种联结。

关于使用这个问题的建议

当马丁问马迪这个问题的时候，后者出现了我在 {THE AND} 对话的许多参与者身上见到的典型反应。在开口之前，他们通常会先深吸一口气，同时开始在记忆中寻找亲密时刻。随着这次深呼吸，他们开始有意识或无意识地沉浸在情绪之中，让自己的感受引领着他们找到最终要分享的那个时刻。这里存在一种脆弱性，你可以在回答问题的人的脸上看到它。当我们召唤情绪时，它们会以不可思议的速度出现。这个问题所引起的情绪是令人喜欢而甜蜜的，好好享受吧。

我会建议你在回答这个问题时，全身心地深度倾听，让你的头脑保持安静，把注意力集中在你探索记忆时从内心升起的情绪上。记住，如同马迪所经历的，可能你感觉和伴侣最亲密的时刻表面上看起来非常微不足道，甚至有些笨拙，或完全出乎你的意料。如果你太依靠大脑来思考到底要挑选哪一个时刻，可能你最终选的会是符合你所在的文化里代表亲密关系的行为，而非你个人感觉和伴侣最亲密的某个特定时刻。请记住，感觉亲密的方式有许许多多，而幸运的是，没有所谓正确的方式。可能是重要的时刻，也可能是微小的时刻；可能是各种行动，也可能是语言，但它们都不会改变你体验到的亲密感受。让你的情绪帮助你选择现在对你来说感觉正确的时刻吧，你一定会在这次对话中看清你们之间的一条特殊的纽带。

我看到过参与者在这个问题上遇到的挑战，他们要么太过努力想要从想到的许多时刻中选中那个正确的——这意味着在倾听自己的内心之后，他们的大脑介入，过度思考；要么是忽然意识到并没有太多可供选择的记忆，也许他们发现根本想不起来任何这样的时刻。如果后一种情况发生，请放松下来。你可以用以下两种积极方式来看待它。首先，如果你在关系中未能时常体验亲密时刻，这便是一个清晰的信号，表明有些事情需要尽早解决。在你们的关系中缺乏亲密的小时光，这是不是一个更大问题的征兆，而你直到现在才清楚地看到？认识到这一点难道不比继续蒙在鼓里更好吗？认识到这一点能否成为建立一段更能满足你需求的关系的第一步呢？注意到某样东西的缺失，是将其重新引入生活的第一步。其次，如果你已经注意到自己的关系中缺乏常有的简单亲密时刻，现在你已经有了充分的意识，并开始积极地创造这些时刻。有没有办法把你们共同的兴趣变成每周或每日的惯例呢？你是否有时候可以给你的伴侣一个意想不到的抚摸或微笑？记住，这个问题的答案是：简单的事情。没必要雄心勃勃地去寻找宏大的、轰轰烈烈的时刻让自己陷入困境，继而才意识到自己根本想不出任何符合这样标准的事情。练习把注意力集中在小事上，并对你所拥有的心存感激。

如果你睁开双眼，寻觅可以将简单的亲密表达带入生活的机会，你一定会找到。无论你是难以找到任何可以分享的时刻，还是这样的时刻多到难以选择，抑或是你可以立刻凭直觉知道你什么时候感觉和伴侣最亲近，我都鼓励你睁大双眼，敞开心扉，尽可能多地去寻找和体验日常生活中的小小亲密时刻。你越能在不起眼的地方找出它们，你和伴侣的联结就会越深，它的独特光彩就越会呈现在你们眼前。

未言之事：
那些欲言又止的沉默与顾虑

问题 4

你会犹豫开口
询问我什么问题？
为什么？

> 如果你要去爱，那就爱吧，
> 不带任何恐惧地去爱。
> ———
> 乔恩，
> 《为什么我们要寻找亲密关系》

让我们来直面真相。总有一些事情你会犹豫向伴侣开口询问，而那可能正是你们二人需要谈论的。

还记得本和西德拉这对夫妻吗？我们曾以他们为例，来看情感表达是如何发挥作用的。如果你已经看过他们的视频，那你可能很清楚他们善于进行亲密对话和坦诚交流，他们的对话既充分又有效。我有一个大胆的猜测：他们之所以能做到这一点，很大程度上是因为他们愿意直面那些令他们犹豫或恐惧的时刻。在他们参与 {THE AND} 的多次对话中的某一次，西德拉以一种几乎是最直接和最简洁的方式对本说："如果我害怕对你说什么，那正是我需要对你说某件事的信号。"

前三个问题旨在构建爱的基础，提醒你们对彼此的爱和信任，接下来的三个问题开始真正涉及你们双方是如何面对冲突的。如果你要建立一段长期、坚固、深厚的亲密关系，你就需要善于积极应对冲突。探索那些矛盾、迟疑的时刻，会让你发现关系中不协调的地方。回避这些并不会让它们消失，只会适得其反。无论这些冲突的种子看起来多么微不足道，如果放任不管，它们都会生长，像癌细胞那样最终发展到让人无法忽视的地步。如果你们现在不讨论、解决这些问题，那么到了某个时间点，你们就会被迫面对它们，那个时候再处理就困难多了。你不冒险去触及这些不舒服的地方，它们就会愈演愈烈，占据更多的空间，直到需要非常痛苦的干预才能被厘清和解决。

一个预警

让我更清楚地阐述一下。害怕艰难的对话而产生的不适，和恐惧有虐待倾向的伴侣带来的身体或精神暴力是完全不同的。如果你对关系中的某个冲突点感到害怕，请诚实地与自己确认。问问自己是害怕探索某个有挑战的话题，还是担忧自己的心理或身体的安全。

在本书中，我特别要谈的是前一种恐惧——为了增进感情而与伴侣谈论困难话题的恐惧。学会与伴侣积极讨论这些令人不舒服的话题，就像做拉伸运动一样。做得越多，就越容易。如果你每天都做拉伸运动，多承受一点点疼痛，你们的关系就会变得更加灵活，也更能承受压力。

练习将问题置于开放的环境中

是时候通过体验一些小小的不舒适，来锻炼你们的沟通"肌肉"了。我在此说的真的只是小小的不适。在回答这个问题的时候，你们并不需要去探讨关系中的重大冲突，不需要讨论那些让你痛苦不堪、夜不能寐的事情。注意，这个问题是关于你"犹豫"要不要问的事情，而不是你"害怕"问的事情。"犹豫"不仅比"害怕"更温和，它还避免了对方通过说"我没有什么不敢问你的"来搪塞这个问题的可能性。即使在最稳固、最健康的人际关系中，也总会有人对某个话题犹豫不决。在对话的这个阶段，重要的是你和伴侣通过探讨一些不是特别难以开口的话题来热身，这样做可以防止你想要讨论的议题最后发展到无法对话的程度。

这个问题的另一个有趣之处在于，当对方在思考答案时，你也在不可避免地思考自己的回答。也就是说，你可能会想："他在犹豫要不要告诉我什么呢？可能是……"如果你听到的答案不是你所设想的那样，你会怎么做？在对方回答问题之前的停顿中，充满了各种可能的争论点——他正在思考的和你认为他正在思考的。有趣的是，在讨论这些问题时你还可以分享："你说的这件事很有趣，因为我以为你会说那件事。"这样，如果你们愿意，就可以有更多的线索展开讨论。并不是所有事情都需要或者应该一次性讨论完。我只是想向你们说明，由于每一方都想知道另一方在犹豫分享什么，因此可能会出现一些新的话题。

关系中不见光的地方会滋生阴暗的事物。将问题置于开放的环境中，可以积极地增强你们之间的联结。但是在光线不能到达的地方，各种问题、令人沮丧的事情和功能失调会恣意生长。你越少关注它们、谈论它们、让注意之光照亮它们，它们就会越强大。希望前三个问题已经提醒了你们有彼此的爱和独特的联结，它们让你们的亲密和信任关系得以清晰化。把彼此都犹豫开口询问的问题当作一次邀请，在接下来的讨论中带着那束光进入生活中未经审视的黑暗，看看在你们未曾留意时，是什么在那里生长。

我曾在很多亲密关系中看到伴侣们为了维持现状，喜欢把事情闷在心里不说。虽然这种方式可以在一段时间内奏效，对很多人来说也是一种生存状态，但它剥夺了伴侣双方充分表达自我的能力。只想在伴侣面前展示我们最讨喜的部分是可以理解的，但这样过滤自己也是有代价的。把一些东西隐藏起来，并不意味着它就不再属于你。不将其表达出来，不去和伴侣探索，就等于限制了伴侣能够体验到的你的部分。同时，将自己的这些部分曝光，有意识地讲出来，谈论它们，并与伴侣分享，也能让自己全身心投入这段关系。这种状态能让你们的生活更加充实，情感更加饱满，其中的差别如同看一部黑白影片和一部 4K 高清彩色电影。

这将引出了另外几个问题：究竟为何我们如此恐惧向伴侣分享自己的全部？为什么我们会更倾向于保持情绪的现状？为什么我们会习惯自我保护，回避真实的感受呢？

是因为我们害怕会被这些感受淹没吗？是因为它们可能会太过痛苦吗？如果是这样，那么你所能承受的不适，是否就会转变成生活的丰富多彩？

******

通过自身经验我发现，我们害怕的不适和痛苦其实是一种假象。并不是说它不存在，只是它没有你想象的那么糟糕。每当我感到力不从心，为自己要完成的事情和需要承担的责任焦虑到夜不能寐时，只要我开始行动，我的焦虑感就会消失。焦虑感总是在我开始行动、面对焦虑源之前达到顶峰。但是，一旦我正视并着手处理它，焦虑感就会变得可控，远不像我最初想象和感觉的那样难以承受。

当进入对话的下一阶段时，你们将从讨论这个犹豫不决的点开始，然后让下面的问题引导你深入探讨你们关系中更紧迫的冲突。我希望你记住，哪怕是迈出一小步去解决不舒服的根源，也能减轻它所产生的痛苦。温柔地、用心地倾听这些问题，可以一点一点地减轻问题所带来的痛苦，同时在你和伴侣之间建立起信任。

伊沃和凯文：压力释放阀和安慰

结婚 22 年，伊沃和凯文已经有了许多建构和滋养彼此联结的实践，随着时间的推移，两个人越来越同步。他们来参加 {THE AND} 对话的时候，都穿着浅蓝色领子的衬衫和牛仔裤；两个人都有引人注目、精心打理过的大胡子——伊沃的又黑又尖，凯文的则是红色的。但就算他们已经一起生活了 20 多年，当伊沃问他的伴侣这个问题时，凯文依然立刻感到自己对于要说的问题的犹豫。

"任何会触发你的焦虑障碍和强迫症的事情。"他一边回答，一边直视着伊沃的眼睛，"比如说，任何关于房子的事情。"凯文移开了目光，开始深入讲述自己是如何独自面对这个复杂问题，以及如何不让伊沃知情的。"我一定是会瞒着你的。除非你在我解决前发现了这件事，或者是我忍不住了，那我就无法控制了。但我不会让你知道问题的存在，在我把问题处理好、理出头绪，并计划好解决办法之前，我都不会告诉你。"

凯文说这些的时候，伊沃的表情看起来非常复杂。一方面他看到伴侣如何尽其所能地保护自己；但另一方面，他又感到了这些问题给凯文带来的不适，因为这明显是在公开承认他们的权力差异。很快，伊沃做了一件很勇敢的事情。他进一步直面了这个有些令人不适的时刻，问："这会不会让你埋怨我？它是不是成了我们关系中的另外一个负担？"

"我埋怨过，的确。"短暂停顿后，凯文开口说，同时声音有些哽咽，"噢，情绪来了。"他眼中泛着泪花，有些不好意思。伊沃则微笑着点了点头，目光中充满着支持和鼓励。"但是因为你也在努力，"凯文继续道，"我知道——所以我希望事情不会一直都是这样。"

伊沃微笑着点头，因为凯文对他努力的认可让他感到欣慰。然后，凯文补充道，他的声音再一次哽咽："但是，这些——这些对我来说真的是很大的压力。"

伊沃的眉毛猛地抬了起来，"大到什么程度，你会想要离开我吗？"他问道。

"不会的，"凯文低沉的嗓音重新充满权威感和确定感，他看着伊沃，脸上原本严肃的表情开始融化，他展开笑颜道，"我当然不会离开你。"

在这里，这个问题既让这段关系中的一个令人不舒服的事实——凯文有时觉得伊沃的缺位给他带来了负担——暴露了出来，将其从一个可能滋生埋怨的地方带到了阳光之下。同时也给了伊沃一个真正了解伴侣的机会：他不仅看到了凯文是如何不遗余力地迁就他，更重要的是，他还看到了凯文觉察到了他为成长所做的积极努力，而最终这种令人不舒服的权力动态只是他们关系中的一小部分。然后，就在伊沃目睹这个问题的压力让伴侣流泪之后，他得到了凯文口头上明确的保证：凯文对他的爱。这远比问题本身更有力量。多么棒的礼物啊！从凯文和伊沃动人而勇敢的互动中，我们看到了这个问题如何既打开了压力释放阀，又加深了伴侣之间的理解。

此刻正是好时机

当意识到自己迟疑于对伴侣说起某件事的时候，我们的本能倾向非常明显：犹豫不决。通常，这种犹豫来自恐惧——害怕破坏关系，害怕伤害对方，害怕自己显得软弱无助或咄咄逼人。接下来会发生什么呢？通常，我们的大脑会欺骗我们，让我们以为自己的犹豫事出有因。你可能会在心里对自己说："你知道的，我需要点时间自己先想清楚，然后再和伴侣说。"

无论你是真的想为艰难谈话做更充分的准备，还是自欺欺人以避免面对恐惧，你都要警惕这种冲动。将重要对话推迟到所谓"合适的时机"，会让这个问题有更多的时间恶化，会让压力有更多的时间积聚，也会让未来的对话变得比你马上提出来更令人痛苦。在面对关系问题时，独自思考听起来可能很合理，但更好的方式是大声把问题说出来，伴侣双方作为一个团队一起来思考。这并不是说，一个人永远都不应该从白热化的冲突中抽身，以便让自己冷静下来，从而可以用机智、冷静和顾全大局的态度面对未来的谈话。静候那种或战斗或逃跑的感受过去，是一种有效的、成熟的应对方式。然而，如果你在某种情况下诚实地审视自己，发现自己是因为害怕冲突或对话而迟疑，那么，此刻就是开口的最佳时机。

想想看，如果你在向伴侣提出某事之前花太多时间反复思考，那么这场对话的起点就是不平衡的。也许你已经想好了所有你要说的话，而你的伴侣甚至都从未意识到这是一个冲突点，他可能会在你背诵自己酝酿已久且僵硬的台词时感到猝不及防。也许他会觉得你没有考虑到他要如何处理这个信息。将深度倾听带入对话，让你们的讨论在信任和相互理解的基础上自由流动吧。当然，这里需要一个平衡点。给自己留出一些时间来思考问题是个好主意，这对你们每个人来说都是可行的。通过尝试安静独处来让自己思路清晰固然有帮助，但真正的澄清是在你和伴侣的有机互动中逐渐发生的。

所以不要花太多时间去等待所谓最佳时机，因为可能永远都不会有最佳时机出现。如果你能记得第一部分的"深度倾听"和"如何创造安全的对话空间"中介绍的工具，那最可能的最佳时机就是现在。

******

安德鲁和杰罗尔德是一对婚龄 7 年的同性伴侣。杰罗尔德整洁利落，黑色头发与黑色短胡须无缝相连。当他们二人在回答这个问题时，杰罗尔德坦言，过去他曾经因担心有些事情说出来会让伴侣失望而迟迟不敢开口。他承认这是因为担心会失去安德鲁，当他这么说的时候，安德鲁那双迷人的蓝眼睛变得柔和起来。杰罗尔德继续解释，他的犹豫出自想要保护自己无比重视的这段关系，但是最终的情况适得其反。

"因为我没有对你完全坦诚，所以你对我不信任，那段时间可真难熬。"他回忆道。但是通过检视他们的关系，以及自己的行为对关系的影响，杰罗尔德意识到自己的犹豫并不利于两个人的关系。"我看到它对你的伤害。它没有带来任何益处，我没有百分之百地对你坦承。我只有全心全意地对你，你才能全心全意地对我。我不想伤害你。所以，我改变了。现在一切都好了，我可以实话实说了。"

关于使用这个问题的建议

在我的人生中，我学习到勇敢面对忧虑、紧张和焦虑等情绪，可以直接拓展一个人的技能，提高他的理解能力。在创办体验设计工作室 The Skin Deep 的前几天，我接到了主要投资人的电话。他说他不得不撤出对这个项目的全部投资。这通令人沮丧的电话，让我一半的资金化为乌有。那之后的情况似乎完全是一场灾难，但我依然不顾一切地继续追求我的梦想，我不断面对让自己恐惧的情况。我永远不会忘记那种感觉。还记得工作的第一天，我和团队最初的两位伙伴——黑兰和佩奇——自拍留念，正式开启我们的冒险之旅。虽然照片上的我面带微笑，内心却是崩溃的。但就在拍照的时候，我便知道自己会永远珍惜这张照片，我会在回想这张照片的时候知道，虽然我如此恐惧，但我还是决定微笑着向前走。我就是这么做的，我继续向前走，随时直面自己的恐惧。很快我就意识到，我从中学到了许多；在那些看似难以承受或完全未知的领域里，我学到了更多。很快，每当感到恐惧，不得不去做一些我从未做过的事情时，我便开始精神抖擞。我会去行动，并将其视为成长的机会。如果回顾一下自己取得最大的成就和成功之前的时刻，你会发现它们都伴随着强烈的恐惧和忧虑。正是坚持和勇气将恐惧转化为成就。

有时候，问这个问题和回答这个问题让人一样恐惧。但是无论你扮演其中的哪个角色，我都邀请你在这个问题被提出后必然会出现的停顿中稍稍停留。那一刻，感觉好像任何事情都可能发生，你和伴侣可能都会感觉紧张不安。但是请记得凯文和伊沃围绕这个问题的对话所产生的效果吧。虽然他们讨论的问题引起了凯文很多的不适，虽然他也对伊沃表达了这种情绪上的不适，但他们对彼此相爱的程度，以及对自己和双方共同拥有的力量有了更深刻、更完整的理解。所以，在那个停顿里深呼吸，停留其中，直到你觉得时间够了，然后再走上那条成长之路——记得，这条路是被你们一起用恐惧点亮的。

关系的试炼：
当前挑战背后的成长课题

问题 5

目前我们的关系中最大的挑战是什么？你认为它正试图教给我们什么？

> **你接受爱的同时也要接受痛苦。**
>
> ———
>
> **埃弗里，**
> **《我本来可以成为一个更好的朋友吗？》**

毋庸置疑，每一段关系都有自己的挑战。它们不可避免，令人不适，而且我敢说，也极其珍贵。我们不是在舒适中成长，而是在不适中成长。

如果你认为你和伴侣并没有什么挑战，要么是因为那些小事还没有发展到足够成为"挑战"，要么就是因为你拒绝面对背后的冲突，于是把它们掩饰起来，好让自己待在的舒适区里。有时候我们花在回避冲突上的能量甚至超过了解决冲突所需的能量。你们已经建构好了安全空间，并将其作为容器来承载这次对话，让你们可以探索目前舒适区以外的领域，从而拓展对彼此的理解、加强应对挑战的技能，以及表达完整和具身性的自我。这种面对舒适区以外的挑战的勇气，以及用建设性的方式应对挑战的尝试，是任何健康关系的核心。不仅如此，这么做还会加固彼此联结的根基，让其更深厚，更具持续性、成长性。

对冲突的回避不会让我们变得更好、更有韧性，只有建设性地处理冲突的能力，才能充分地说明一段关系的灵活性与活力。因此，目标不是没有挑战，而是以开放的心态直面挑战、珍惜挑战，最大化地利用它们，以及在解决一个挑战之后，欢迎下一个挑战以及它带来的所有经验。

通过这个问题，可以确定什么是你们各自认为的当前最大的挑战。更重要的是，意识到并拥抱你从这个挑战、从你的伴侣、从压力下的关系中学到的东西。如果你什么都没学到，那你可能错过了与他人共度人生所给予你的最好的礼物。当你清晰地意识到当下困境中蕴含的教训，你便会看到这个挑战正在试图给你提供的智慧。

在挣扎中找到力量

上一个问题通过邀请你在犹豫时直面自己的不适感，揭示了关系中挑战的种子。现在双方都已经锻炼了应对挑战的能力，到了可以面对更大挑战的时候了。

为什么这个问题讨论的是你们最大的挑战，而非最大的问题？"问题"，似乎天生是消极的，是你解决之后想要尽快远离的东西。但是每一个挑战都是一个机会，无论它有多么困难。挑战是生命之中你要去面对、克服，然后让自己更强大的东西。去健身房健身就是你为了更强健而自己设置的挑战。这件事做起来并不容易，它是为了给你的身体系统施加压力而设计的。但是，你的锻炼难度越大，你越能准备好面对身体的压力，也会变得越有韧性。把这个不舒服的节点视作一种挑战，会让你觉得它更可付诸行动，更像是一个增强你们之间纽带的机会。

这个问题的力量在于，通过让你们各自阐述这个挑战正在教给你们什么，将你们关系中的这一挣扎点重塑为一个礼物。问题的第二部分将你们置于学生的位置，默认你们可以从中学到一些东西。请注意，问题是问你们认为挑战中获得的教训是什么，从而消除了"标准"答案的可能性，并默认两位参与者的回答都是主观意见，而非客观事实陈述。通过让你寻找挑战中蕴含的教训，这个问题消除了你对伴侣或挑战本身可能的不满，创造了一个灵活和包容的空间，让你可以在其中探索，并在挣扎中找到要学习的内容。

加布丽埃勒和卢纳：舒适区外的一次有价值的探寻

加布丽埃勒和卢纳首次来参与 {THE AND} 对话时，在我看来，这两个人也就 20 岁，还没有正式进入恋爱关系。两个人从高中开始就是非常好的朋友，也分别告诉我们的团队，她们都对对方有爱慕之心。10个月之后，她们回来参加第二次对话时，已经向对方亮明心意，正式成为一对恋人。在她们的第二次对话中，流畅的沟通和共同散发的快乐非常具有感染力，看着她们相互提问，微笑着探索新层次的联结，真是让人满心欢喜。但在她们第一次来的时候，我能感觉到她们隐而未宣的情感像一个秘密一样笼罩着彼此。

考虑到她们的过去，在最初的谈话中，当加布丽埃勒问两个人目前在关系中面临的最大挑战是什么时，我对卢纳的回答毫不惊讶。

"沟通。"卢纳毫不迟疑地答道。卢纳留着一头卷卷的短发，淡褐色的双眸，鼻子上戴着银色的鼻环。加布丽埃勒的嘴唇和绿色的眼睛周围都化着醒目的红色妆容，她欣赏地看着自己的朋友，用微笑回应。她是否想到了那些她曾渴望和卢纳交流，最终却没有说出来的事情？顺便说一句，这也是我们在这个问题上见到的最普遍的回答。对绝大多数参与者来说，这是最常见的一个挑战。

"我想让你在不开心的时候告诉我，即使这么做有些傻。"卢纳继续说道。忽然间，加布丽埃勒的脸上增添了一抹严肃。"任何事，即使是一些很小的事情，比如，'噢，你刚才对我说的话让我有些生气。'你讲出来我们就可以聊一聊，然后就好啦。你不需要把什么都藏在心里，最后因为小事情而爆发。"

加布丽埃勒再次点头微笑。"这很合理。"她承认。然后她给出了自己对这个问题的答案:"对我来说,最大的挑战并非你我共同面对的困境,而是源于我自身的感受——那种能否真正触碰到你的不确定性。"现在轮到卢纳对她点头表示理解。"很多时候我都会(有这种感觉)。你就像是一阵烟,我能看到你,你就在那里,但是我无法抓住你,无法用双手感受你。"卢纳再次点头。她是否有同样的感受,比如渴望用双手去感受加布丽埃勒?

"我不知道,"加布丽埃勒继续道,"有时候我很难承认一些事情。所以,我不可能向你解释我自己都不知道的事情。"

"只要你觉得舒服就行——"卢纳没有说完,但此时,加布丽埃勒勇敢地咽了咽口水,插话了。

"你有没有过不敢提起某些事情的经历,因为担心一旦提起就会让局面完全崩溃?"

"有的。"卢纳说,并笑着将眉毛微微扬起。在我看来,她好像知道加布丽埃勒指的是什么,而且她们在用一种亲密的方式承认加布丽埃勒正面临什么样的挑战。

加布丽埃勒微笑点头道:"是啊,这正是最近让我纠结的。"

"嗯,"卢纳说着话,也许怕先暴露自己的感受,她将视线移开了,

"不管是什么,你都不必独自面对和承受。不管你遇到什么麻烦,那也是我的麻烦,我们可以一起面对和处理它。"

两个人同时咯咯地笑了起来,视线交织,共享温柔的联结时刻。

这是她们在第一次的谈话录像中,最接近向彼此倾吐衷肠的时刻,我却认为它是一颗种子,最终会长成爱的完整告白。在这里我们可以看得出,谈论挑战和冲突点,可以将我们带向我们想成为的人,拥有我们想要的生活。在一次对于双方是否缺乏沟通的讨论中,两个老朋友开始拆掉隔在她们中间的围墙。两个人肢体语言中的躲闪、目光的回避和偶尔的语塞,无论是对卢纳还是加布丽埃勒来说,都不是一个令人舒适的话题。但看看她们最后收获了什么:一段渴望已久的浪漫关系。若非她们勇敢地跨过这个不舒服的时刻,无论它让人感觉多么尴尬,她们会得到这个礼物吗?你是愿意选择短暂地走出你的舒适区,还是用一生的时间去揣测?如果你开始说出真实想法会怎样?

吸取教训

你很容易告诉自己,如果没有你现在面临的某个巨大挑战,一切都会好起来。只要你拥有更多的 X,只要你的生活没有 Y,只要你能告诉你最好的朋友你对他们的感觉,你就能做最好的自己。但事实是,即使你面临的每一个挑战都忽然消失,那么用不了多久，新的挑战还是会出现在你的生活中，让你决定是与之抗争，还是从中吸取教训。这就是为什么这个问题要求你分享你"目前"面临的最大挑战。因为明天、下周或下个月还会有新的挑战出现。

在你们的关系中，可能一开始你和伴侣在性的联结上很紧密，但你们一直在为生计而挣扎。10 年后的你们虽然已经克服了经济上的困难，钱不再是问题，但曾经如此强烈的性联结却减弱了。你们面临的挑战发生了变化，有了新的问题要一起面对。没有所谓的能一帆风顺通向终点的路。你们克服了一个挑战后，下一个挑战就会出现，或迟或早。不管你信不信，这都是好消息，因为你面临的每一个挑战都是学习和成长的新机会。但要小心，只有积极地从这些挑战中吸取经验教训，你才能真正体会到这种极具赋能性的变化。

也许，你不仅已经接受了生活充满挑战这一事实，还成了克服挑战的专家。太棒了，干得漂亮！但下一步，也是更重要的一步，是注意你是否真正吸取了每一次挑战给你带来的教训。善于从挑战中吸取经验教训，并不能阻止未来遇见新的挑战（那是不可能的），但是能阻止你反复陷入同一挑战的怪圈，确保你每次面对和克服挑战所付出的努力都能直接促进你的成长。如果你一而再、再而三地耗费精力去应对生活中反复出现的同一个挑战，那么你可能还没有真正学到生活想要教给你的东西。

******

我在二三十岁的时候，总是在关系中遇到同样的挑战。在没有觉察的情况下，我曾经总是寻找那些有着坚不可摧的情感壁垒、逃避真正亲密关系的伴侣。我发现自己陷入了一种令人极其不舒服的模式，在这种模式里，我总是在追逐我的伴侣，竭力想要真正接近她们。除此之外，我的低自尊还让我将自己的自我价值建立在伴侣的回应上。如果她们给我积极的回应，我就觉得开心，觉得自己有价值；反之，我就会感到沮丧。我的幸福感完全依赖于她们。这不仅让人沮丧，更令人精疲力竭。然而，每当她们中的任何一个人不再逃避，而是真正给我机会去建立我确信自己想要的那种深厚的情感联结时，我就会掉头逃离她们的示好。同样的事情发生了太多次，以至我开始觉得自己就像一只在滚轮上狂奔的仓鼠，搞不懂为什么周围的景色从未改变。

在了解过我的成长背景之后，你可能猜得出定义了年轻时我的爱情生活的这种自我否定的倾向从何而来。低自尊以及潜意识里对自己想要但又不知如何得到亲密关系的恐惧，让我在痛苦沮丧的怪圈中奔跑。唯有在失衡的关系中，我才能感到一丝安心——就像记忆中父母之间那种疏离的相处模式。这让我不断追逐着更深的羁绊，而对方却始终无法给予我同等的回应。她们情感上的若即若离，反倒使我得以蜷缩在所谓的"舒适区"里——尽管这个舒适区带给我的，只有彻底的痛苦。

而且就算我真的找到了一个对我又专注又有爱的人，不管你信不信，我也会胃痛。我父母曾经说过，我小时候每次要去父母各自的家时，都会出现同样的胃痛。因此，我就会把这种胃痛当作证明这段关系不对劲的信号，而真相是我没有去处理和面对伤痛。身体记得且记录着一切。这也正是为什么深度倾听——倾听你的身体，让它通过你来表达——是如此强大的工具。我曾经认为，倾听我的身体意味着这些身体疼痛在向我发出信号，让我赶紧跑，所以我会离开对我关爱又专注的恋人并结束这段关系。现在我知道了，那只是恐惧，只是存在于我胃里的恐惧，当它再次出现时，我的身体就会试图保护我，避免直面对亲密的恐惧，而亲密恰恰是我最渴望的。很讽刺吧？

受这样不健康的动机驱动，同样的挑战会在这些失去平衡的关系中一再出现。随着时间的推移，我开始在和某一个特定伴侣的关系中变得很擅长克服这些个人挑战。在一段时间内，我们的关系表面上很不错，但是过不了多久，同样的核心问题又产生了新的挑战，我再一次陷入恶性循环。所有的挑战都在试图教我同样的事情——停止追逐，停止逃跑，直面自己对于亲密的恐惧。但是因为我过去太专注于解决每个单独的问题，以及尽可能快地逃跑，所以从来没有注意过那个更重要的学习机会。

我花了很长时间，经历了很多让人很不舒服的自我反思时刻，并且和一个我非常信任的朋友进行了一场深刻的、暴露自我脆弱性的对话之后,才终于看清了这恶性循环般的挑战一直试图教会我什么。但是我看清之后,我便倾尽全力去学习它、拥有它,并直面自己对亲密的恐惧。你们可能已经猜到,我在离开自己的舒适区后,会不可避免地出现很多挣扎的时刻。但当我接受了这条路,可以直面自己的不适,直面自己的恐惧时,我真的改变了。我打破了这个循环,并得到了从未有过的更令人满足的关系。

关于使用这个问题的建议

要面对这个问题可能引发的艰难话题,最好的方法是以感恩作为辅助的良药,试着把它看成你和伴侣学习必要工具的机会,以克服你们会不可避免地面临的下一个挑战,并充分吸取其中的教训,而非将其视为相互指责的场所。请记住,挑战本身并不反映你们是怎样的人,而是反映了你们之间的动态。与你们所珍视的回忆出自你们的协同合作一样,挑战和克服挑战的方法也是你们独有的。认识并表达这一点,同时对此心存感激。不必防卫,不必感到被攻击,也不必进行任何攻击。不是说你们谁有问题或谁"错了",而是说你们之间的联结可能出现了一些功能障碍。只要带着理解、耐心和感恩,一起修复它就远没有你们想象的那么难。或许,结果正相反,你们的关系已经无法弥补,你们决定各奔东西,去寻找更适合各自的更健康、更美满的关系。

但这只是共同面对挑战时最极端的结局。挑战是健康关系中自然而然的契机。当你们坐下来面对这个问题的时候，请记得没有挑战意味着关系的结束，意味着没有空间去成长、学习或深化你们的亲密关系。停滞是生活的对立面。关键不是如何设法在关系中消除所有冲突，而是问自己："这是我可以接受的冲突吗？"请容我解释这是什么意思。

我在最初开始周游世界拍摄纪录片时，获得足够立项以及维持生存的资金是一个持续的挑战。直面这个挑战并找到解决方法并不容易。但这是一个我愿意面对并从中学习的挑战。对我而言，这远比"我厌倦了生活，我对生活毫无激情"这个挑战要好得多。我们都会遇到挑战。我曾经过的是一种激情四射、充满刺激和冒险的生活，但是我要面临经济方面的挑战。反过来，我本可以选择那种在办公室朝九晚五的工作，这样就会有固定收入，没有财务危机。但如果是那样，我的挑战就会变成如何对自己日复一日的工作产生热情。凡事都有取舍。因此这个问题不是让我们完全回避挑战，而是明白做出一个选择就意味着放弃另一个选择，并且要带着感恩欢迎挑战。

如果你对这个问题带来的挑战进行同样的分析，并诚实地去看待你和伴侣之间的动态，你会看到什么？你面临的挑战是你可以面对的吗？你是否密切关注它们正试图教会你什么？你们如何打破无益的模式，共同成长？你是否吸取了生活想要通过不适感这个强大的"老师"来教给你的教训？如果你找到了它，那么你是否真的能让它融入你的意识、你的行动和你的生命状态？

隐形的付出：
未被看见的牺牲与价值

问题 6

你觉得自己的哪些牺牲没有被我认可？为什么你会认为那是牺牲？

> 我爱你,因为你向我展示了这么多的爱……即使在最艰难的时刻你也从未停止这么做……你一直在源源不断地给予爱、展示爱,即便是我想要停止的时候,即便是我想要告诉你我不配的时候,你的爱也永远都在。
>
> ——卡迪亚,
> 《我害怕破产》

"牺牲"这个词可能听起来有点正式和沉重,但它的确是健康、平衡的关系的一部分。身处于一段关系的美好就在于你有机会成长并超越单身状态下的自己。为了超越过去的自己,成为与另一个人保持联结的自己，你可能需要在行为、性格或优先级上做出某些改变。你会通过这些改变有很多的收获。这是一个很棒的成长方式，但伴随着相应的让步和适应，也会带来可能让人痛苦的失去，有时甚至滋生怨恨。

有时候我们倾向于向伴侣隐瞒这些痛苦，尤其是当这些痛苦是由关系本身导致的时。但是隐藏伤口只能让其无法得到治疗。这个问题的提出，为双方创造了空间，让他们承认自己为了维护关系而自愿牺牲的影响，这是以前从未讨论过的。你常常会发现，只是认可这种牺牲，伤口便会愈合，你或者伴侣可能怀有的任何怨恨都会在萌芽状态消失。

最终，我们为关系所做的牺牲，无论多么具有挑战性，无论有多少痛苦，都是我们献给关系的礼物。但是如果不将其带入你们共同的意识，那如何将其视为一份礼物呢？回答这个问题正好可以帮助我们做到这一点。

挂着蹦极绳跃入不适区

也许你在被问到这个问题时所想到的事情，让你觉得不够被称为"牺牲"；也许你不想居功自傲或者不想太强调那些痛苦的事情，但是这个问题就是这样被有意设计的。虽然你觉得太极端，不愿意把你做的事情称为"牺牲"，但对你和你的伴侣来说，感受到这些让步、妥协和无私行为的分量、能量和美好是很重要的。不管你通常是不是把它称为"牺牲",为伴侣放弃一些东西都可能让人痛苦,或者至少让你开始看到关系中的不平衡。无论逻辑上有什么理由或你有多么愿意这么做,它可能都会带来牺牲的感觉。去注意和分享那些不平衡的点吧,让你们双方更全面地了解彼此是如何影响对方的。

这个问题中的"没有被我认可"是我之前没有提到的,它是为了揭示那些迄今还隐藏于关系阴影中的东西。很有可能这会是你更大、更令人不舒服的牺牲之一。也许有的牺牲是你的伴侣已经认可的,但那些最让我们痛心的牺牲往往是我们最少谈论,甚至闭口不谈的。在前两个问题中练习了面对冲突后,你们已经对迎接挑战有所准备了。还是那句话,你越是愿意迎接问题所带来的挑战,你就越能从这场对话中有所收获。这一点与这个问题尤其契合。通常,缺乏认可带来的刺痛远比牺牲本身更糟糕。牺牲和礼物之间的分别可能很细微。把一个行为从前者变为后者,唯一需要的就是感激之情。最终得到认可这一简单的步骤,足以解除那些未被感激的牺牲埋下的怨恨定时炸弹所带来的风险。

但是在被认可之前,当和伴侣讨论没有被认可的牺牲时,你感觉到许多令人不适的情绪是很正常的。我发现把这些情绪发泄出来远比闭口不谈,任其腐烂恶化要好得多,尤其是当你有一个安全空间来表达的时候。进行这些表达可能让人心生恐惧,不仅因为你不确定伴侣会如何反应,还因为你不想因此伤害对方。勇敢地直面恐惧吧，要知道这个问题的设计其实已经对你们做了保护。你们可能最开始的时候会感到很不舒服，但最终不会停滞在一个无法调节的状态里。

这个问题真正的精彩之处在第二个部分："为什么你会认为那是牺牲？"要回答完整的问题，你就必须试着更好地理解你的伴侣，以及为什么他/她没有认可你的牺牲。这可以让背负着痛苦和怨恨的一方在表达了内心之后，有机会从伴侣的角度感受。他/她在分享自己的牺牲没有得到认可的原因时，就为同理心和理解创造了空间——在这一刻之前，这种理解也许从未出现。

也许当你讨论伴侣为什么不认可你的牺牲时，你会意识到，这种情况让他/她回想起一些童年创伤，或者承认你的牺牲会让他/她面对自己一直不敢独自面对的痛苦和脆弱。深入探寻这种不适感的根源，可以帮助你发现伴侣身上丰富的复杂性，而这些复杂性你从未看清过。这不是治愈创伤的空间，而是去探索双方的观点，让双方都能被看见，并将曾经的怨恨转化为更深刻的理解。

这种视角转化为你们的回应（无论多么生硬）提供了一根安全绳——一根蹦极绳，无论你多么深陷于你不为人知的牺牲所造成的痛苦情绪，它都会将对话拉回一个充满同理心的地方。虽然我们有必要谈论这些牺牲、损失和问题，但在情感上惩罚你所在意的人并没有什么好处。这个问题的后半部分给你提供了一个直接向你的伴侣表达关爱和理解的机会，这是你坦诚发泄所造成的任何摩擦的一剂良药。当然，这只适用于不存在虐待、反社会或操纵的动态关系。从彼此平等相爱和关怀的基础出发，练习这种情感的起伏流动——从发泄不满到充满爱意的理解——对于加强和维持联结是非常有价值的。

凯特和克里斯蒂娜：为炽热的爱而骄傲

到目前为止，我将这个问题设置为一个可能的冲突点，让一直未曾释怀的牺牲所产生的压抑情绪和未被表达的怨言得以宣泄，然后迎来用共情重建联结的时刻。这一切肯定会发生，但这远非与伴侣谈论牺牲可能带来的唯一结果。让我们再次看看我们在谈论问题 1（你最喜欢哪三段我们共同拥有的回忆？你为什么会怀念它们？）时谈到过的凯特和克里斯蒂娜这对酷儿[1]伴侣的对话，并把它作为例子，看看这个问题是如何起反作用的——也许当事人都没有意识到自己认可了另一方的牺牲，结果却引来了欢声笑语，增进了双方的亲密感。

最开始谈到这个问题时，两个人都无法就谁在关系里牺牲更多达成共识。凯特和克里斯蒂娜都认为对方才是那个承载了更多压

---

1 对一个社会群体的指称，包括所有在性倾向方面与主流文化及占统治地位的社会性别规范或性规范不符的人。——译者注

力的人。当她们分别说出自己看到对方所做的牺牲时,双方都很吃惊。

当凯特说克里斯蒂娜牺牲更多时,克里斯蒂娜的眼睛都睁大了,"我很好奇,你指的是什么?"她问道。

"你为我的习惯——我的洁癖,还有我的没条理和不专注——牺牲了自己的理性。"凯特解释道,引得克里斯蒂娜发出阵阵笑声。"我不知道,"凯特继续道,"我就是感觉我没有做出任何实质性的牺牲,所以你才牺牲得更多。"

"我能说我不同意你的说法吗?"克里斯蒂娜顽皮地反驳。

"啊,"现在轮到凯特不相信地睁大了双眼,"为什么呀?"

"你选择和一个女人一起生活,你的家庭并没有为此开心,对吧?"

我看到凯特在非常认真地思考这番话。她告诉克里斯蒂娜,她觉得克里斯蒂娜同样承受了与家人的疏离。但克里斯蒂娜不以为然,她说:"因为我是聋人,他们早已把我排除在外了。"然后她把焦点转回凯特的家人。

"在我们的关系中，我看到你和你妈妈之间的关系有多么难以调和。"克里斯蒂娜说。凯特点点头，表示同意。"我很抱歉旧事重提，但是你妈妈在婚礼上迟到，本来她要陪着你走上红毯。这件事说明了很多态度问题，你妈妈还在挣扎（从内心接受我们的关系）。我感觉，女儿和妈妈之间的关系是非常重要的。"

克里斯蒂娜又列举了凯特生活中的几段因为决定和她结婚而变得紧张或中断的关系。当她依次说出这些关系时，凯特的面色逐渐稍沉，好像在感受这些失去的关系叠加在一起的重担，也许这是她第一次看到自己实际上为这段关系牺牲了这么多。然后，克里斯蒂娜分享道："我觉得我们面对生活的方式有些不同。对我来说，我觉得自己可能已经处于劣势了。也许我会觉得，'我是黑人，是聋人，是女人，那又怎么样？我已经处于劣势。但那又怎样？可对你来说，我不是说你为了和我在一起而降低了自己的位置。你没有。但你和我在一起遇到的阻碍比我和你在一起遇到的要多得多。"

凯特此时的微笑是无价的。在我看来，她真的好像从未考虑过她为了这段关系而放弃的东西。而当克里斯蒂娜肯定她的这些牺牲时，我看到凯特的每一个毛孔都散发出她愿意把爱放在第一位的骄傲。也许她从未意识到她和克里斯蒂娜的关系对她是多么的重要、多么的神圣；也许她需要自己的行为被对方表达出来，才能真正看到自己对伴侣的爱是多么炽热且有力量。

认可的礼物

如果看看在凯特和克里斯蒂娜之间发生了什么,我们就会发现,克里斯蒂娜对凯特做出的牺牲的认可,使得凯特能够从另一个视角来看待她们之间的关系。接受一个简单的认可的力量不应该被低估。

记得在问题 4(你会犹豫开口询问我什么问题?为什么?)中提到的凯文和伊沃吗?那对伴侣围绕着一个令人犹豫的问题进行了坦诚的对话,最终眼含热泪地重新确认了他们的感情。在对话结束之后,他们开始深入地探讨他们之间的冲突。他们在某些问题上总是不能达成一致,最后决定"保留各自意见",当时凯文的身体在我看来好像承载了很多他们的冲突带来的紧张感。二人之间出现了一阵沉默,虽然凯文在对伊沃微笑,但在我看来,那笑容显得有些僵硬和勉强。

但这时,伊沃打破了沉默,对凯文说:"在这段关系中,你承担了更重的担子,我知道的,我很感谢。"

当伊沃的认可击中凯文时,凯文的身体和表情出现了巨大的变化:所有的紧张都消失了,放松的微笑出现在他脸上。"谢谢!"他叹了口气,身体前倾,因为他所做的牺牲得到了认可,他如释重负,又轻声重复道:"谢谢!"

感受伴侣给予的认可，足以消除关系中的紧张。实际上，只需一个简单的认可即可将你的牺牲从痛苦之源转化为骄傲之源。当凯文真的看到自己的牺牲对伊沃产生的积极影响时，从他得到认可的那一刻直到对话结束，我看到凯文都散发着自爱与被赋能的光彩。通常来说，当你做出了某些牺牲并因此得到认可时，你会感觉良好，因为你在为另一个人做一些事情，你在支持另一个人，你把自己的一部分给了你所在意的人。生活中很少有比这更美妙的事情了。相反，没有什么比送出真心却不被认可、不被感激或被彻底忽视更容易让人瞬间生怨的了。正是认可让一切变得不同。

这个问题和前面两个问题之间的关系同样有趣。问题4、5、6实际上是在推动你去应对冲突。问题4与犹豫有关，意思是这颗种子如果不被关注，就会长成问题5，需要你去探索最大的挑战。而问题6与未被认可的牺牲有关，与一个人解决了某个冲突，但是没有从另一个人那里获得认可有关。换言之，双方不是以团队姿态共同解决问题，而是关系中的一方自己找到了解决问题的办法，却对此缄口不言，这种单方面的妥协终会酿出怨恨。所以这些问题是相互关联的，它们涉及的是潜在冲突的种子、当下的冲突，以及尚未得到妥善解决且一直在发酵的冲突。

关于使用这个问题的建议

在这个问题上不要着急。这个问题有多个层面，每一个层面都可能成为你和伴侣之间进行情感宣泄和疗愈性对话的催化剂。慢慢来，不要觉得你必须急于回答下一个问题。让一切该说的都说出来，然后让对方做出回应。这可以是一个让你们都学到新东西的宝贵时刻——通过导致你们之间摩擦的互动，可以重新认识彼此的思维方式。让这个问题发挥它的魔力，去反复切换对冲突点的看法。如果有足够的时间，你会惊讶于它能在多大程度上促进你对你们关系的理解。

疗愈的渴望：
我想为你抚平的伤

问题 7

你希望能帮我
疗愈哪些伤痛？
为什么？

> 你无法消除他人的伤痛，但可以用爱来覆盖它。
>
> ——
>
> 戴阿文，
> 《在我们这段跨种族的关系中谁受到了更多评判？》

这是最深刻和最具挑战性的问题之一。作为人类，我们都有这样的体验，生活中很大一部分是联结与分离、融合与孤独、快乐与悲伤之间的相互作用。痛苦和欢乐是我们生活和参与亲密关系等人际关系的轴心。

生命中难免会经历伤痛，我们会倾向于让他人，尤其是我们的伴侣来疗愈我们内心的伤痛。但大多数情况下，他们并不能疗愈我们，而且他们好心但徒劳的努力往往会带来更多的痛苦——双方都能感受到的痛苦。我们只能对疗愈自己负责。尽管如此，我们身边的人还是可以通过提供空间来支持我们的自我疗愈的。很多时候，伴侣发自内心想让我们得到疗愈的意愿，就足以创造并滋养这样的空间。

在 {THE AND} 对话中，这个问题经常会制造出对话的高潮，因为这涉及我们最脆弱的部分，虽然探索它可能具有挑战性，但往往也能巩固关系。一方面，在大多数情况下，你希望被伴侣治愈；另一方面，在大多数情况下，你的伴侣想要疗愈你，但做不到。这个问题揭示了双方的脆弱性：一方渴望疗愈，另一方渴望被疗愈。它展现了支持和滋养这段关系的机会，支持和滋养之间有着千丝万缕的联系，可能是这段关系的无意识基石。

你们深知彼此的痛苦

在 {THE AND} 对话中，这个问题通常会伴随这样的场景：一位参与者拿起卡片，在大声读出来之前先自己默读一遍。在向对方大声读出问题之前，他们的情绪可能已经开始高涨了。他们已经沉浸在自己的痛苦之中，不仅感受到痛苦的沉重，还感受到伴侣想要疗愈自己痛苦的那份美好，以及伴侣对疗愈感到无能为力而产生的悲伤。他们通常完全知道伴侣会说些什么。一旦问题被提出来，回答问题的人立刻就能发现并感受到伴侣的痛苦。虽然这不是他们的痛苦，他／她也能感受到，关系中的双方因联结而感同身受。

当马迪和马丁进行这个问题的时候，读出问题前，马迪已经眼泪汪汪。她已经感受到自己的痛苦，也感受到马丁因为不能帮她疗愈而产生的痛苦。当她终于读出这个问题时，马丁甚至不需要回答。他的情绪如此激动，是因为他感受到了马迪的痛苦，还是因为自己无法疗愈马迪而产生了挫败感,抑或是因为他感受到了马迪对自己无力相助的共情?虽然他们只是坐在那里,泪眼相望,无语凝噎,但无疑他们之间交织着如整个宇宙般浩大的联系、理解和爱。那片宇宙中的星星是如此美丽、闪亮,却是在痛苦中产生的结晶。

这是每一段有一定长度和深度的亲密关系都会有的:你了解对方的伤痛。即便这不是你的伤痛,但是你却可以从内心感受到它。这对我们而言意味着什么,揭示了共情的什么奥秘?随着时间的推移,你对伴侣的伤痛感受又有了怎样的变化?伤痛会随着你们双方的习以为常而消失吗?我们又可以做些什么来真正疗愈彼此呢?

这是你和伴侣一同推进的这场对话中的情感高潮。问题1、2、3已经让你们建立了信任,巩固并提醒了你们对彼此的爱、欣赏与感谢。问题4、5、6则为你们呈现脆弱、敞开心扉来面对这个问题做了必要准备。深呼吸,来吧,你已经做好了准备。

林内亚和伊丽莎:成为伴侣疗愈之旅的向导

从林内亚和伊丽莎在 {THE AND} 对话中问出的第一个问题开始,她们的情绪就一直高涨。这对伴侣在一起9年了,她们的互动方式让我感觉她们已经一起经历了许多事情。但是当反扣着黑红相间球帽,身穿黑T恤、红短裤,脚踏红球鞋的伊丽莎问林内亚,她想帮自己疗愈什么伤痛时,她们的对话为揭示更深层次的情感真相打开了大门。

伊丽莎刚问出这个问题,漂染着彩虹色头发,穿着扎染服装,风格迥异于自己运动风的林内亚就已经准备好要回答了。毫无疑问,她非常了解伊丽莎内心的沉重负担,她立刻回答了问题。

"是你妈妈的过世。"她摇摇头,好像感受到了这个事情同时压在她们两个人肩膀上的重量。"我真的想(帮你疗愈它),"林内亚继续道,"但是我知道我永远做不到。"

整个对话中,伊丽莎都勇敢地尽情体验情绪。她敞开心扉,在受到触动时,想哭就哭,想笑就笑。但当她面对这样一个痛苦的话题时,她拉下太阳镜遮住了眼睛,面部肌肉紧张地承载着内心的伤痛。看起来要完全面对这个话题对她来说有些难以承受。

"我想要的是你去疗愈自己,"林内亚说,然后咬住嘴唇看着伊丽莎,"因为没有人可以疗愈你的伤痛。"林内亚脸上的表情仿佛在说:虽然她知道这是两个人都不愿意听到的话,但这是事实。也许"疗愈自己"这个要求让伊丽莎不知所措——她要怎么做,从哪里开始?就在她开口之前,林内亚很想替伊丽莎承担疗愈的过程,但是她知道自己不能这么做。疗愈这份伤痛是伊丽莎要面对的挑战,只有伊丽莎本人能够克服它。

那林内亚是怎么做的呢?她尝试给伊丽莎提供了几个可能在这趟疗愈之旅中有帮助的视角。

"我想让你明白(你妈妈)还在世时的情况,"林内亚从理性的视角开始,"你知道,她那时候病了,宝贝。她并非死于非命,她已经和病魔战斗了多年。"

然后林内亚向伊丽莎展示了继续抓住伤痛不放需要付出的代价。"为了照顾你的妈妈,你搁置了大学学业,把它放在了次要的位置上,直至慢慢忘记它……"说到此处,林内亚喉头一哽,因为她感受到了伊丽莎所做出的痛苦牺牲。直到林内亚的情感开始流露,伊丽莎才终于放下防备哭了起来。她哭泣是因为林内亚表达出了自己所受的痛苦,还是因为感动于她们之间坚实而有力量的情感联结,抑或是因为她清楚地看到了这份伤痛不仅困扰着自己,还影响着她们之间的关系,它存在于她和林内亚之间,导致所有这些感受在这一刻同时涌起,并畅快地得以宣泄?

"我认为没有人能从失去父母中恢复过来,尤其是失去妈妈,"林内亚继续说,"但是如果可以,我愿意承受,愿意替你承受你的伤痛……因为你知道我是如何处理伤痛的。我不会让它杀死我,但那不是你的方式。你有你自己应吸取的经验,无论好坏,无论得失,你都必须接受它,并学会与之共存,因为那就是你的一部分,它永远都不会消失。我只是希望你学会与伤痛一起生活,而不是让它把你击碎。"

林内亚知道她不能让伊丽莎的痛苦消失,但她会利用这个机会提供富有共情的建议,希望这些建议可以帮助自己的伴侣学习如何疗愈自己。除此之外,我们还能为所爱之人做什么呢?去做他们疗愈过程中富有共情的容器,让这段亲密关系成为富有共情的空间,你的伴侣可以在这个空间里找到自己的平静之路,并尽最大努力为这段旅程维护好这个空间。

避免痛苦的循环

正如林内亚所说,尝试疗愈伴侣的伤痛往往徒劳无功。且不说替他人消除痛苦几乎不可能,即使能做到,这真的是最好的选择吗?这会不会夺走伴侣生命中最深刻的成长与自我认知的机会呢?

此外,尝试疗愈伴侣伤痛的行为以及可能的失败通常会付出一些代价。它会产生更多的痛苦,我们不仅要与自己的无能斗争,我们的伴侣也会因此痛苦。试想:当你意识到你的伤痛不仅折磨着自己,还让你的伴侣受苦,因为他/她正在徒劳挣扎着去努力掌控自己根本无法掌控的东西,这时你会是什么感受?安德鲁和杰罗尔德在 {THE AND} 对话中就谈到了这一点。安德鲁说,过去杰罗尔德出于好意努力帮他度过最痛苦的时刻,却让自己感觉更糟糕。

"最艰难的事情之一就是告诉你，你什么忙也帮不了，然后看到你因此感到无助，看起来那么难过，"安德鲁对杰罗尔德说，"这非常可怕，因为但凡我能，我一定会让你更快乐，但生命中总有一些没有人能够帮你度过的时刻，你必须独自解决。"幸运的是，当杰罗尔德认识到自己"必须放下所有的控制欲"，后退，让安德鲁找到自己的疗愈方式时，他们终于可以打破这个痛苦的循环。

但这不是说在我们试图疗愈痛苦的时候伴侣什么也做不了，实际上，在我们学习如何疗愈自己的时候，他们可以是我们最宝贵的支持资源。也许你的伴侣看到了你拒绝面对，但仍然感受得到的痛苦；也许你的伴侣看到了你没有面对，或者因为太痛苦而无法面对的东西，但无论你有没有面对，毫无疑问你都在经历和体验着它。这种痛苦如此剧烈，以至于你无法面对，因为一旦面对，就意味着你要去处理它。

想想人类的身体。当你身体受伤时会发生什么？身体会分泌大量的内啡肽和肾上腺素，让你感觉不到疼痛。这就是休克状态，你能看到自己的骨头刺破皮肉，但是不一定能感受到剧痛。这是你的身体在紧急状况下帮助你的方式，让你能够保持清醒，寻求救助。当情感受到伤害时，我们的心理机制也会做同样的事，但是操作相反：你会感受到痛苦，却看不到它，因为你的大脑已经将你麻痹。尽管如此,它还是在潜意识里运作着。那看不见的伤痛会体现在你人生中做过或没有做过的选择中,体现在你的情绪触发点上、你选择的伴侣上、你经营关系的方式中。它会表现出来,但是你无法直接看到它,你只能看到它带来的后果。

******

正如林内亚指出伊丽莎关于大学学业的选择,你的伴侣也会看到你那看不见的伤痛带来的后果。通常来说,他 / 她能顺着你的伤痛体现的方式找到源头,找到被你的大脑屏蔽,让你无法全然看清的东西到底是什么。他 / 她可能会从一个独特的角度温柔地帮你脱去阻止你看清真相的保护盔甲,并找到你人生痛苦涟漪中心的那块"石头"。所以现在,当这个问题被提出来的时候,你会听到伴侣说出什么是他看到的,而你因为自我麻痹而拒绝面对的伤痛。虽然这让人害怕,但请记得,无论你是否面对,伤痛都在那里。只要你面对了它,你就离疗愈伤痛更近了一步。

伴侣指出你尚未面对的伤痛时,也有可能增加你的紧张感——因为他在迫使你去面对。这种情况下,人们往往会觉得问题出在自己身上,觉得伴侣试图引导你面对伤痛的努力不仅没有帮到你,反而对你造成了伤害。尽可能把对方提供的这种觉察当作一份礼物,一份他 / 她送来帮助你走向疗愈之路的礼物。

关于使用这个问题的建议

慢下来,做几个深呼吸。通常我们想要尽可能快地穿越痛苦。战斗或逃跑是你的本能,但诀窍是待在痛苦之中。知道你的大脑在尽其所能地保护你。告诉自己,这里有你要学习的东西,并练习与你的痛苦共处。会过去的,一切都会过去的。生活的一项基本原则是,变化是永恒的,没有什么可以永远不变。

了解这一点之后,不要急于回答这个问题。你只有慢下来,才能为疗愈创造所需要的空间。不要因为痛苦或恐惧而拒绝自己成长的机会;反之,慢下来去思考。感恩生活提供的疗愈和成长机会。

******

参与者回答这个问题的过程,给我留下了非常深刻的印象:

首先,做几个深呼吸让自己慢下来。

其次,感谢伴侣分享他/她的体验。感谢伴侣清楚地说出他/她知道的对你来说非常痛苦的事情,这是一个非常好的标志,表明他/她信任与相信你们的关系,以及彼此的联结。

再次,静观其变。看看有什么会发生,不急于反应。只是去见证、观察产生的任何感受和想法,并不需要去回应。你不需要解决任何问题,不需要为任何事情辩护,也不需要做任何解释,就只是待在那里，顺其自然，观察内心发生的一切。让你和你的情绪之间拉开一些距离，这样做能让你更容易地从中学习。

最后，如果喜欢，你可以重复从伴侣那里听到的话。这会是非常宝贵的体验，因为你虽然讲的是自己的事，却是从你的伴侣的角度来讲。这会给你一种类似灵魂出窍的感觉。更重要的是，你和你的伤痛会开始分开。你不是你的伤痛，你是正在体验伤痛的人。我们常常会忘记这个重要的区别。我们和自己的伤痛紧紧纠缠、交织，让我们误以为自身即伤痛。事实上，伤痛只是我们携带的物品。

******

有一个值得探索的问题是："伤痛对你有什么用处？"有时候我们之所以背负痛苦，是因为它会给我们带来一些别的东西，例如一个不去做某事的原因，或者一个不去追求我们真心渴望的东西的理由。

在接下来的几个小时，甚至几天里，无论你想到什么或感受到什么，请允许自己去仔细感受。也许有一些重要的东西会直接出现，也许你还需要更多的时间、更多的对话和更多的探索。关键是成长的种子已经萌芽，你已经把伤痛表达出来，把它带出阴暗，引向光明。现在，你将看到它会绽放出怎样的花朵。

遗憾的交叉点：
但愿从未发生的那段经历

问题 8

哪段经历是你希望
我们从未有过的？
为什么？

> 我希望你永远不要忘记的，是你在经历过的黑暗中所拥有的光明。
>
> ———
>
> 拉希姆，
> 《开放关系是如何让我们分手的》

一个人内在的伤痛会很强烈地影响其伴侣的情绪。虽然它是你们其中一个人的经历直接导致的，但它会悄然潜入你们两个人的空间，成为两个人需要共同背负的重担。但是那些从一开始就涉及你们两个人的痛苦经历，或者你们一起经历过的坎坷呢？

在问题 7 探讨了你们个人的伤痛之后，问题 8 要求你去审视你和伴侣共同的伤痛。重温这段让人不愉快的经历可以巩固你们之间的情感联结，让你们在讨论这段经历的来龙去脉时，有机会释然叹息，最重要的是，它可以让你们对一件你们曾认为很痛苦的事情有新的理解，也许你们会用全新的视角去看待它。

探索共同的伤痛

你们在这里讨论的内容,和问题 7 里探索的伤痛来源(无论是什么),最主要的区别是它造成的共同创伤会影响你们的关系,它是你们的关系所背负的伤痛。这并不是说这段经历是你们中任何一个人的错,也不是说你们中任何一个人导致了这段经历。恰恰相反,由于这是一段共同的经历,如果没有你们之间关系的存在,这样的事情就不可能发生。这是你与伴侣的关系给这个世界带来的独特性的又一例证。你们的关系是不竭的创造之源,是炽烈的太阳,整个银河系——充满着美好与痛苦——围绕着它旋转。当你和你的伴侣回答这个问题时,你们能一起从中找到痛苦带来的启发吗?

留意一下问题的顺序是如何让个人伤痛与共同伤痛相互对话的。虽然个人伤痛和两个人共同经历的伤痛有很大不同,但是先后问出这两个问题也许能揭示两者之间的关联。生活中最难打破的模式之一就是我们对待痛苦的方式。我们如何解读对我们造成伤害的事情,以及选择面对还是回避它,都可能成为我们的一部分。也许,在儿童期和青春期,这已成为我们无意识的处世方式,但现在这种方式可能已不再适合。也许和你的伴侣一起探索你们共有的伤痛经历,听到你们各自对它的反应,可以让你有机会发现你对伤痛经历的反应模式。

在你和伴侣回答这个问题时，最好留意一下你们各自对过去不愉快经历的主观看法在哪些方面一致、哪些方面不一致。在 {THE AND} 对话中被问到这个问题时，要么双方想到的是同一段经历，并对这段经历在他们的关系中意味着什么有着共识，要么他们的回答会以有趣和富有启发性的方式呈现出不同。某一组伴侣会将某段共有的伤痛经历看作不希望拥有的体验，但另一组可能视其为成长过程中的必经之路。

作为多次参加 {THE AND} 对话的"返场老手"，本和西德拉可能在自己的日常生活中也会练习这样的亲密对话，所以他们在回答这个问题时对共同伤痛已经有了一个全局视角。我们可以看到，即便是最不堪的经历，也能成为通向幸福健康关系的宝贵垫脚石。当本向西德拉问出这个问题时，西德拉已经在用这样的视角看待过去的痛苦时刻了。在她回答之前，我能感觉她的思绪已经回到了那些艰难的经历中，从她的神情来看，她仿佛完全沉浸其中，任由那个时刻的感受再次涌上心头。然而，即便她带着这些情绪进入他们的对话空间，她也是从当下的视角——一个她能看到和本的关系的整体视角——来说话的。

"正是这一系列事让我们走到了今天，"她说，"是否还有更容易吸取这些教训的途径？我不知道。有时候你只有吃了苦头才能吸取教训。我可以很确定地说，我希望我们从来没有搬去匹兹堡。"本点点头，他回忆起了这段他们共同的伤痛经历。"我从没有那么郁闷过，"西德拉继续说道，"我从没有那么悲伤、那么孤单过……感觉那么偏离自我……但是我不能说我希望它从未发生。正是关系的破裂才让我们重建了更牢固的关系。很难说我对一切充满感激，但是我确实感激，我感激它给我们带来的改变。"

玛塞拉和洛克：深刻的重构

我最喜欢 {THE AND} 对话的一点是可以见证参与者的思维范式的实时转化。关于亲密对话如何直接带来疗愈性的思维转化，有一个重要的例子——已经结婚 7 年的玛塞拉问她的丈夫洛克，什么是他希望他们从未有过的经历。

"我的答案就两个字，"洛克抬了抬眉毛说，"监狱。"

"我要说的也是这个，"玛塞拉回答，同时点点头，"监狱。"

这对夫妻立即而明确地对他们共同经历的最大的伤痛事件达成了共识。但随着对话的发展，可以很清楚地看到他们对伤痛的解读，以及关于伤痛对他们关系的意义的理解，都有非常大的差异。

"如果我能改变我们的关系，"洛克说，一头长长的"脏辫"整齐地梳在他的脑后，"它会成为我们历史的一部分。"他看向地板，语速也慢了下来，似乎正在重新体验被监禁造成的所有困境。他的声音听起来跨越了时间。"我们经历过很多非常艰难复杂的情况，能挺过来真的不容易。"

他的话音刚落，玛塞拉立刻回应："是啊，但是如果没有那些经历，我们今天也不会在这里，不会维持那么长时间的婚姻，拥有现在的关系。"说到这里，她语速慢了下来，好像在斟酌词句，确保自己说的每个词都有一定的分量。在我看来，她好像拼命想让自己的话语帮助洛克解除压在心头多年的隐痛。"我们必须承受过去所承受的，我们必须经历过去所经历的，我们也必须挺过所有需要我们挺过来的情况。"就算她在脑海中重温那些艰难时刻，她在谈话中多次闪现的灿烂、愉悦的笑容，还是让她的眼睛充满活力，而她的话语也穿透了她严肃的表情。

玛塞拉说话时，洛克的下颌放松下来。在我看来，他的伴侣能把他之前抛出来的那个大词——"监狱"——所带来的许多艰难时刻看成是有正面效果的，这让他非常震惊。我几乎可以看到这些记忆和情感在他的头脑中不停地转换。

"我们所做到的一切，"玛塞拉继续说，"我们有了一个儿子。我们原本不会有孩子的。我们原本不会拥有现在的一切。"很明显，在我看来她的潜台词是她相信如果不是因为面对曾经的挑战，他们不会有这样的个人成长和共同成长。这样做带来了很多礼物，大大超出两个人的预期。

洛克咬住嘴唇，身体向后靠在椅子上，看起来一副难以置信的样子。但紧接着他又看向天花板，深吸了一口气，像是在吸收重新建构的两个人的共同历史。然后他放松了，看起来已经接受了这个观点。他好像是第一次从玛塞拉提供的全局视角来看待他们的过去。他再次抬了抬眉毛，看起来很受触动。

"这可真是有深度的答案。"他说。

机架聚焦瞬间

在我看来，洛克所经历的，可以被称为"机架聚焦瞬间"—— 瞬间的顿悟，突然清晰地将过去置于个人生活的背景之中。"机架聚焦"是我们拍摄纪录片时的常用术语。当你在拍摄现场操作摄像机时，机架聚焦意味着将镜头对准焦点。当我们重温过去的时刻，尤其是在与伴侣交谈中，也会产生同样瞬间清晰、恍然大悟的时刻。虽然洛克戴着一副深色眼镜，但当玛塞拉对他们共同经历的困难表达感激之情时，你还是能看到洛克的这一反应。如果看完整段对话，你就会发现他们谈论的可不是微不足道的日常琐事；玛塞拉怀着感激之情诉说的是，这份持续多年的情感关系虽然经历过洛克被监禁以及其他充满挑战的艰难时刻，却仍然得以保持。这种情感的力量对洛克产生了立竿见影的影响。一瞬间，他看到了他们共同经历苦难的意义，也看到了他们如何一起将苦难转化为共同的欢乐。

我知道这样的情感转化有多么不可思议。拍摄 {THE AND} 也给了我自己一个"机架聚焦"的机会。我曾分享过，在很多年里，我都因父母的离异和自己对走进亲密关系的挣扎而痛苦。失败的关系、纯粹的沮丧和绝望就像面包屑一样散落在我二三十岁的生活中，形成了一条我笨手笨脚、跌跌撞撞走过的路。我已经被这些经历折磨太久了。多年来，这似乎只是毫无意义的痛苦。但在我 40 岁左右，拍摄数百场 {THE AND} 对话的其中一场时，我忽然豁然开朗，对过去的看法也全然改变。我看到了我迄今为止最清晰的人生轨迹，看到了我所受的苦难如何催生了这个我深爱的项目，它让我获得了超乎想象的满足感。

我曾好奇，为什么我一直在打磨电影制作技巧，为什么一路追逐着自己的热情。但是我所目睹的那些对话告诉我，关注人和人的联结正是我的使命所在。在 {THE AND} 对话中，参与者达到的那种深刻亲密关系，那种在两个灵魂之间传递的神圣的"情感舞蹈"，是我年轻时从未目睹过或认为不可能发生的。如果我没有经历过最初的痛苦创伤和之后的所有苦难，这一切都不可能发生，因为正是它让我产生了渴望，并从中创造出了我现在可以与他人分享的礼物。

当所有这一切在一个闪烁的瞬间清晰地汇聚在一起时，我感到卸下了肩上的千斤重担。原来这一切并非毫无意义。我的痛苦和困惑原来自有其价值。这么多年来，我一直不知道它是什么，但终于，我的机架聚焦瞬间像一列火车一样冲向了我。我对走过的这段旅程如此感激，以至觉得自己几乎要被撕裂。

******

这是我的故事，你的故事是什么呢？无论它是什么，当你阅读这些文字时，你的故事都在上演。你是否背负着个人或两个人共同的伤痛，当它刺痛你的时候，你是否想知道它到底是为了什么？我真心相信，如果你带着一颗开放的心和一个好奇的大脑去体验这个世界，总有一天你会明白事情为什么会以这种方式发生。你的机架聚焦瞬间将会到来，而且不止一次，而是很多。看看一个曾经无法想象与他人建立亲密联结的人，现在却写了一本讲述如何建立亲密联结，而且还进一步深化它们的书。

关于使用这个问题的建议

这个问题可能会比较有挑战性，因为当人们重温那些艰难的经历或试图赋予它们新的理解时，一定会产生情绪。但是情绪需要宣泄出来，需要被感受，才能被释放。不是去思考，而是真实地去感受。就像一张图胜过千言万语，一种情绪也胜过万千思考。所以停止思考，只是去感受吧！

人们喜欢说"处理情绪"，但是"处理情绪"到底是什么意思呢？

这是一种毫无必要、故弄玄虚的说法。简单点说，就是感受我们的情绪。所有的情绪想要的只是被感受。当你抵制情绪，试图降低它们的强度而不是去感受它们，或者因为有情绪而评判自己时，情绪才会紧跟着你。你会发现如果你真的允许自己去感受情绪，它们反倒更容易离开，在瞬间的身体感受中斩断万千思绪，让自己去体验生活带给你的任何一种新的情绪。这个问题为你和你的伴侣提供了一个空间，你们可以一起来做这样的练习。

有时候甚至不需要对这个问题做出口头回答。{THE AND} 对话中一直都有这样的情况。双方都知道他们的共同伤痛是什么，但是不想在镜头前谈论。然而，在最有建设性的对话中，当这种情况发生时，他们不会若无其事地一带而过，而是会带着情绪安静地坐着，通过眼神交流来充分体会身体的感受。有时候这样就已经足够了。

你一旦感受到了情绪，就可以把它放下了。在你花时间去感受情绪之后，继续前进就是关键。你不需要陷入对那些伤痛的抱怨中。你在为这次对话创造的空间里，把压抑的情绪释放出来，让自己去感受它，也让你的伴侣去感受它、认识它，然后释放它。一旦情绪被感受到，你们就能更清晰地解决造成这种情绪的实际问题。

共同成长：
你教会我的那些事

问题 9

你认为你正在从我
身上学习什么？

> 你让我感觉我自己在生命中做了一些很棒的事情。和你在一起我感到如此圆满。
>
> ---
>
> 克里斯，
> 《我们如此相爱，以至别人认为我们在撒谎》

关于我们为何会来到这个世界，迄今为止尚未有哪位伟大的科学家、哲学家或智慧的精神领袖能给出一个众人认可的明确答案。我并不自诩是这些人中的一员，但是基于我自己在生活中学到的东西，如果非要我给出一个最佳猜测，我会说，我们来到世间是为了学习——不是为了学习瑜伽修行者在山洞里独自冥想时寻求的那种深奥知识，而是为了相互学习。你可以从你的大学教授、同事或在交通堵塞时抢在你前面的人身上学到宝贵甚至深刻的知识。然而生命中最有深度、最神圣的知识，却是你从最亲近的人身上学到的。我们的亲密关系以及与我们建立亲密关系的人可以成为我们最伟大的老师。

所以，你从坐在你对面的那个人那里学到了什么呢？当你从这次对话或这段关系中走出来时，他们给你带来了哪些持久的礼物？日复一日地与另一个人携手跳一支舞，给你带来了什么样的经验？

加入感恩的慰藉

这个问题出现在一连串深入探讨不适和冲突的机会之后，这些机会让你们在对话中进入了宣泄高潮。这部分经历有时会让人感觉像是在给关系做手术，切开所有的防御，暴露出你和伴侣交织在一起的脆弱部分。也许深层掩埋的怨恨会被挖掘出来，暴露在阳光下；也许痛苦记忆会被挖掘出来，然后在一个充满滋养和支持的空间里被共同面对；也许这些都不会发生。无论你和伴侣之间发生了什么，都请深呼吸，花一点时间认可你们从另一端走出来的勇气。恭喜你，这部分对话已经结束了。你们挺过来了，你们活下来了——希望你们的关系因为选择接受这个过程而变得更加稳固、健康和有活力。但你不能就这样把关系留在手术台上。现在是重新缝合的时候了，请直接地对你的伴侣表达感谢，谢谢对方在这个空间里给予你的一切。

你可以从伴侣身上不断学到宝贵的经验，无论在过去的几个问题中遇到了什么，你都要心存感激。现在重点转移了：你的伴侣只是出现在你的生命中，就给了你不可收回的礼物。如果说你们的关系在之前的问题中受到了挑战，那么现在重新欣赏你们的关系会让它得到巩固和确认。变得脆弱并没有杀死你。事实上，它只是把你带到了一个表达感恩的地方，在那里你可以看到伴侣教给你的宝贵经验。

这个问题是要求你的伴侣分享他们从你身上学到的东西，而不是让他／她告诉你他／她教会了你什么。这让他／她站在欣赏和认可的角度，而不是自己的视角。意识到自己在学习，他／她就会用谦逊的态度说话，会向你展示他／她是学生而你是老师。当角色交换，你也有机会做出回应时，这种权力动态就会翻转：你成了学生，而他／她成了老师。这种转换突出了你们一起生活时的共生互动，这也是你们的联结所独有的。

安德鲁和杰罗尔德：量身定制的镜子

让我们重温一下安德鲁和杰罗尔德的对话，来看看伴侣为我们提供的学习价值，以及他们教给我们的教训是多么的独特，只属于我们独一无二的联结。迄今为止，我们已经见证了这对已婚伴侣在问题 4 和问题 7 中直面了关系中的多个冲突点，也看到了他们勇敢地承认自己所犯的错误，听到了他们分享如何将那些挑战转化为成长的机会。因此，当杰罗尔德问安德鲁他从自己这里学到什么时，毫不奇怪，安德鲁蹦出来的第一个词是"耐心"。但是当他用自己那低沉而洪亮的声音把答案细细展开表达时，安德鲁才发现他所分享的有关杰罗尔德教会他的东西，已经完全改变了他对生活的看法。

"在拥有耐心方面，你是一个鲜活的榜样，我从来没有见过任何一个人有你这样不可思议的耐心。"安德鲁这样告诉杰罗尔德，"就算炸弹要爆炸，就算所有人完全失控，我吓得屁滚尿流，你还是可以保持镇定。你总是对我说'冷静，没事的'。这也是为什么在我们确定关系的头两年，我以为你疯了。"

听到这里，杰罗尔德大声地笑了起来，脸上露出灿烂、顽皮的笑容，他低头看向自己的双脚。

安德鲁继续道："我那时在想，'这家伙其实暗地里一团糟，只是自己不知道罢了。到最后我们肯定会崩溃，然后他就会说，天哪，这只是我导演的一场闹剧！'但现实不是这样。你说的全是真的！"

安德鲁说到这里也开始笑了，他似乎被这一事实震撼了。他过去一直认为真正的耐心和冷静是一个人不可能拥有的特质。他一边笑一边继续说："直到我对哥哥说起这个，他和我说，'是啊，有些人就是情绪非常健康的'。有些人……真的是非常好的人。"

只是真实做自己，杰罗尔德就教了安德鲁很多东西，而不仅仅是告诉对方如何慢下来、如何冷静和如何训练耐心。看到杰罗尔德如此真诚地相信事情都会好起来，以及他如此愿意在压力情境下照顾自己，安德鲁学习到人们的行为是可以被信赖的，善良和耐心并不总是装出来的。我能想象这样的发现是如何影响安德鲁的人际关系的，不仅仅是和杰罗尔德的关系，而是与他接触的任何人之间的关系。杰罗尔德成了他的一面镜子，映照出安德鲁自己对那些"情绪健康"的人的怀疑，以及安德鲁可以在哪些方面寻求成长，以达到他在杰罗尔德身上看到的"情绪健康"的水平。

这么深刻的学习，只不过是安德鲁说到自己从杰罗尔德那里学习到的东西的开端，他说，通过他们独特的共同生活和独一无二的联结，杰罗尔德大大扩展了自己关于生命可能性的想法。

"鉴于我的背景……我的家庭以及他们的宗教信仰和神学观点是多么压抑，"安德鲁继续说道，"我在一个从未想过自己能够拥有某些东西的世界中长大。我永远都无法在不怀疑自己犯错的情况下与某人结婚。我永远都不可能成为一个真实的人。我一直都在用这些条条框框来限定和打造自己的人生。而自从认识你，和你相爱和结婚之后，一切都开始变得不真实，因为我从没有想过我还有这种可能性，没有想过我的家人真的会支持我们。"

在杰罗尔德进入他的生活之前，因为自己保守的成长环境，安德鲁从未想过自己还可以拥有这样的选择——和另一个男人结婚。

但让他吃惊的是，这不仅成了可能，还变成了他的日常生活。不仅如此，最震撼他的是，他那信仰虔诚的家庭能够并且愿意接受他和另一个男人的婚姻。因为和杰罗尔德的关系，安德鲁对世界、生活和未来的看法都发生了翻天覆地的改变。我觉得这本身就是无比美好、不可思议和令人感动的。

但是我想让你留意安德鲁接下来告诉杰罗尔德的话，因为我发现它是我们从这对伴侣的精彩故事中收获的最重要的经验之一。你看，安德鲁不相信他能和别人一起经历这样的思维范式转化。是杰罗尔德，只能是杰罗尔德，才能将拓展可能性的信念带入他的生命，永久地改变他和他的世界观。

"很大一部分原因在于你，"安德鲁告诉自己的伴侣，"（我的家庭）并不是说'哦，我现在接纳你与另一个男人结婚了'，只是因为那个人是你。你就像一颗人见人爱的金子，让我可以对见到你的人说，'你不同意我们的关系？请来看看这个不可思议的人，然后我看你还能说出他的什么不好。现在，你必须审慎地思考，你凭什么认为某些恋爱关系在道德上是正确或不正确的'。"

是杰罗尔德，还有安德鲁和杰罗尔德的特殊联结，为安德鲁及其家人找到了新的可能性。换作其他人，能让安德鲁及其家人做到这一点吗？还是说我们和我们的伴侣就像是拼图的碎片或者量身定制的镜子，彼此联结又反映每个人的特殊之处，而这是其他人无法以相同方式做到的？

当任何人处于真正的亲密关系时，他们和他们的伴侣都处于一个独特的位置，可以向彼此传授某些他人无法传授的经验。你学习过什么只有你的伴侣能教给你的知识？你已经向他 / 她讲述了他 / 她带给你的美好经历，他 / 她为你的生活带来的亲密时刻，他 / 她可能伤害过你的方式，以及他 / 她在你经历痛苦时支持你的方式。在这里，你可以与他 / 她分享他 / 她如何让你成为一个更好的人，或者像安德鲁的例子一样，如何让你以崭新的、更开放的方式活在这个世界上。

这当然是他 / 她送给你的礼物，但也是他 / 她为这个世界做出的善事。通过向你提供经验和帮助你成长，他 / 她间接使你和你遇到的每个人进行更周到的互动，这是一个循环的链条。在他 / 她经历了这次对话中的所有困难时刻之后，你要对他 / 她表达促成你改变的感激之情，难道不是一种让你的伴侣重新意识到他 / 她独特力量的美好方式吗？

关于使用这个问题的建议

如果你被问到这个问题，却觉得你对伴侣教给你的东西没什么好说的，或者他 / 她似乎根本什么都没教给你，怎么办？

如果这是你的直觉反应，别担心，没关系。但是，与其让这种表面上的"学无所获"把你带入一种基于评判和痛苦的情绪化回应，不如深吸一口气，试着让自己平静下来。在过去的几个问题中，你们俩刚刚一起经历了许多沉重的事情，这些事情可能会影响你用感恩的眼光看待你们之间的关系。给这种气氛必要的时间，让它消散，这样你们才能看清楚。为此，请深深地注视伴侣至少 10 秒钟。记住，这是一双与你风雨同舟的眼睛。这双眼睛会将你反射给自己。深呼吸几次，让你对他/她的存在充满感激之情。把这当作一次短暂的冥想，把注意力集中在呼吸和产生的新情绪上，而不是停留在你们刚刚经历的那些情绪的回响上。如果你这样做了，我几乎可以保证，你会发现你的伴侣正在教给你一些积极的经验。

对于"积极"的定义，你可以随意发挥创造力。也许你的伴侣正在教会你，设置更严格的边界会让你受益匪浅，或者你希望伴侣是一个细心的倾听者，或者你特别希望以一种健康的方式从冲突中成长。也许到目前为止，你从他/她身上学到的最积极的东西是，你希望在生活中有更多这样的对话，并且你很感激他/她和你一起参与这场对话。即使他/她让你学到的是你不想再继续忍受他/她的糟糕行为，也要感谢他/她。这仍然是一份珍贵的礼物，假以时日，你会感谢他/她将这份礼物带入你的生活。

**未来的期待：
最想与你共赴的下一场冒险**

问题 10

什么事是你迫不及待和我一同去体验的？为什么？

> 我喜欢一起计划我们的未来，再次回到同样的地方。我喜欢我回家的时候你也在，那会让我很幸福。
>
> ———
>
> 埃里卡，
> 《看着这对情侣求婚》

如果说过去的共同经历是关系里的锚，那么对未来的梦想就是关系之船航行时的风。在这场对话中，你们已经走过了一条长长的路，你和伴侣已经对你们之间的联结有了很多了解，目前正站在你们这艘船的瞭望台上，俯瞰你们之间的故事。这个问题要求你和你的伴侣都看向地平线的方向，想象地平线之外的景象。你们如何看待共同的生活？是什么让你们对明天充满期待？你的伴侣也会为同样的事情感到兴奋吗？你们对未来的梦想一致吗？是什么牵引着你们一同进入故事的下一篇章？

确定共同的梦想

你已经在之前的问题中经历了踏实、亲密、脆弱的感觉和疗愈，现在是时候向前看了。你已经让自己在关系的美好和艰难中充分浸泡过了，当你来到问题 10 的时候，你们的关系对你来说应该比对话开始前更清晰了。就算你对你们之间的关系感到比对话开始前更困惑，这也是一种收获，毕竟你现在所掌握的信息，比最初坐下来问第一个问题时要丰富得多。因此，这是一个绝佳的机会，让你去探索你们希望接下来发生什么，以及去思考为什么你们仍然留在这段关系里。

共同的过往可能是你们关系的基础，但你们希望这个基础支撑起一个什么样的家？希望这次对话能让你们探索到你们过去为彼此提供的许多富有成效的学习和成长经历。但你们是否看到了未来更多学习和成长的可能性？是否有一个共同的项目是你们正在积极努力或计划携手去做的，无论是抚养孩子、共同创业，还是其他共同的目标？最重要的是，这个项目是否让你们都感到兴奋？它是否有足够的吸引力，让你们面对当前的困难也感到值得？

回想一下问题 1（你最喜欢哪三段我们共同拥有的回忆？你为什么会怀念它们？），当时你们探索了什么是你们共同拥有的独特经历。而现在我们要看向未来，看看你们将一起创造什么能让双方都感到兴奋的新体验。希望你们在憧憬梦想的过程中能共同感受到明显的兴奋。回答这个问题是一个机会,让你们联结尚未经历的喜悦,让自己敞开心扉,尽情想象。这既让你们有机会享受分享计划的乐趣,也让这一刻起到疗愈的作用。想象你们可以一起实现的事情、一起去的地方和你们将共享的生活,可以让人感觉之前对话中出现的任何挑战都值得去面对。那就让这个问题的答案助你们一起走向未来吧!

这个问题也可以揭示出,虽然你们有着共同的历史和珍贵的回忆,但你和你的伴侣正走在不同的轨迹上。你的愿望是让你和伴侣都感到兴奋,还是只让自己兴奋?不妨真正关注一下你们未来是否有想要实现的目标——不仅仅是你个人的,而是你们共同的。我永远不会忘记那次我和我的一位导师聊天——他是一个睿智且充满好奇心的人,也是三个孩子的父亲,他住在伯克利,有着丰富的人生阅历。他让我清楚地认识到与伴侣分享共同梦想的重要性。他最小的孩子刚刚上大学,他告诉我现在他们抚养三个孩子的计划已经接近尾声,他和妻子开始讨论他们的下一个共同努力方向。他告诉我,如果他们想不出下一个目标,即使已经结婚多年,他们也会考虑分道扬镳。如果他们没有共同的目标,即使这个目标不像养育孩子那么具体,他们也不确定他们的关系是否足以让他们在未来的每一天都感到充实。亲密关系是打造共同目标的机会。这并不是说你不能拥有自己的梦想,这是一个很有价值的练习,去问问自己什么梦想可以让你们都满怀激情,什么梦想只有你们共同参与才有可能实现。

请记住,将梦想变为现实可能需要大量的努力和合作。当你们的关系仍处于"待修复"状态时,这个问题给了你们审视关系的空间,让你们可以从瞭望台俯瞰你们的关系,全面地看待它,去考虑你们在对话中探讨过的优缺点。你和伴侣是否已经发现了你们这艘船的一些漏洞?根据你们的目标,你们对这些漏洞的严重性有什么看法?你们的目标是一致的,还是你们各自的愿望将你们引向了不同的道路?这个问题可以帮助你们确定是什么在吸引你们向未来前进,同时也是一个很好的机会,让你们思考你们所乘坐的船,是否足以承载你们驶向目标。

伊克兰达和乔塞特:隧道尽头的光亮

我们在 2020 年拍摄了伊克兰达和乔塞特的对话,当时的新冠疫情使全世界都出现了前所未有的幽居病案例。伊克兰达是一位涂着粉色口红,戴着黑框眼镜,充满自信,带着些许贵族气质的女性,她问她的伴侣:"什么事是你迫不及待和我一同去体验的?为什么?"乔塞特的眼神变得有些恍惚,在我看来,这是典型的梦想家的表情,一副完全沉浸在想象的喜悦中的样子。

"太多了。"乔塞特开心地回答说,她一头银色辫子下露出温暖、平和的微笑。"我们有太多事情——"

伊克兰达用满足的神色看着正陷入遐想的乔塞特,但她打断了乔塞特,将她拉回现实。"我们说的等到限制解除之后马上要全家一起做的是什么?"

"哦!"乔塞特忽然想起来了,"去非洲旅行。"她点点头,我猜想关于这次未来的探险之旅,她们一定已经谈论过很多次了。"我想你是对的。这也是我要说的,要做的事情太多,而我们还没有怎么一起旅行过。以前我们更多的是单独旅行。所以我最想做的一件事情就是——没错,全家人一起旅行,我真的想和你一起飞到世界上的更多地方看看!"

当最后几个字的声音消失时,我看到乔塞特的眼睛里浮现出满满的、几乎是孩子般的兴奋。很明显,对她来说,这是她在16年的婚姻中一直的梦想。实际上,伊克兰达通过提示她们过去关于旅行的讨论,将这个话题摆在了首要位置,也证实了这是两个人共有的梦想。当乔塞特说完,我感觉在伊克兰达脸上可以看到这对伴侣同样的表情。这,就是她们两个人都想要的。

看着这两个人带着无比的兴奋和希望谈论着限制解除、国境开放后她们两个人都想做的事情,我清楚地知道,这份共同梦想正是帮助她们度过封控期重重困难的事情之一。有时候共同梦想的力量是如此强大,以至它可以成为最长、最黑暗隧道尽头的那道光。

当爱不再是一个动词

明确区分共同的梦想和个人的梦想是非常重要的事。对参加过多次 {THE AND} 对话的凯沙和安德鲁来说，他们分别有机会向对方提出这个问题。就算对话拍摄的时间间隔了好几年，他们也都以极快的速度、毋庸置疑的口吻向对方说出了同样的答案："孩子！"在安德鲁问出这个问题时，凯沙的答案几乎是喊出来的。稍后，在后续对话中，安德鲁在回答同一问题时，用一副"答案是明摆着的"样子耸耸肩说："生孩子。"这无疑是这对夫妻的共同梦想，是他们在跌宕起伏生活中的期盼，也是引领他们走向未来的希望。

如果你和伴侣并没有共同的梦想怎么办，你们想要的不一样怎么办？如果你只是愿意做出某些妥协来认同伴侣的梦想，但伴侣的梦想实际上并不让你兴奋，不能令你充满渴望地迈向你们共同生活的新篇章怎么办？这可能是最容易产生"我爱你，但不再迷恋你"这种感觉的情况了。你已经成长了，已经改变了，你还是爱着你的伴侣，但你们的共同未来已经没什么让人激动的了。虽然你们对彼此还有持续的爱，但你们各自的生活激情却将你们向不同的方向拉扯，你们的关系因此脱离了积极的方向，动词形态发生了变化，不再是"相爱"。

这是一种我非常了解的体验。30 岁出头的时候，我曾和一个我非常在意的人谈恋爱。那时候我们同居，我甚至想要向她求婚。但到了某个时间点，大概是我们的关系发展两年半的时候，事情发生了转变。我们都失去了活力，关系也受到了影响，因为我们都不再像以前那样投入了。为了解决这个问题，我们决定去看伴侣咨询师。一次对话中，咨询师问到我们未来的梦想。我毫不犹豫地说，我想有一个家庭大本营，然后我和我的伴侣，还有我们未来的孩子就可以从那里出发周游世界，我还可以制作电影和创意产品。我想在南美洲住上一年，然后再去日本。虽不至于每两周就搬一次家，但是我希望我和家人的未来充满新的体验。在我说这些话的时候，我感到了一股能量，一种来自身体的兴奋感。我活力满满，全神贯注，仿佛自己的梦想就在眼前。然后轮到我的伴侣回答。她说，她的梦想是在布鲁克林拥有一栋红砖房，和家人在那里幸福地生活。我可以看出，当她畅想着和我截然不同的未来时，她也被同样的能量激活了。

当她谈论自己的梦想时，我感到方才我在谈及南美洲和日本时的兴奋感一扫而空。我感到浑身没劲。我爱这个人，但那不是我想要的未来。咨询师注意到了这一点。值得称赞的是她开门见山，直指要害。看到我们对生活有着那么强烈的不同渴望，她率直地对我们说："所以，现在唯一的问题是你们想要把这块创可贴快速撕开还是慢慢**撕**开？"

她给了我们两个选择：要么立即结束关系，要么为我们真正想要的生活进行一场徒劳的斗争，以尽量减少不可避免的分离之痛。

在她说完之后出现了好长一段时间的沉默，我能感觉到房间里的空气渐渐变冷。随着沉默的继续，我慢慢地意识到没有人开口说出第三个选项。我想我们都知道咨询师是对的，如果我们对自己足够坦诚，那么除了分手，我们的关系的发展没有别的路可选。我感到自己充满了一种痛苦的接受感。这就是结局。我们曾共度那么多的欢乐时光，也一起经历了这个启示性的时刻。但是我们如何共享一个让双方感到同样兴奋的未来呢？我们如何能让对方，让自己所爱的人忍受活在他人的梦想，而非自己梦想中的痛苦呢？

咨询时间没有结束，我们就离开了咨询室，去了一个我们常吃午餐的地方。吃饭的时候我们都哭了，但也笑了。哭是因为我们都感到属于我们共同生活的一个美好章节即将结束；笑是因为我们仍然真心享受彼此的陪伴，仍然只因为和对方在一起就感觉快乐。笑声中也伴随着一些释然。撕开创可贴确实会痛，但我很高兴知道自己不会让她偏离她的生活轨道，同样，我也不愿意任何亲密关系——无论它有多甜蜜——使我偏离自己的轨道。我想，我们彼此都在为各自选择的道路而骄傲吧。好聚好散，强过因为讨厌痛苦或害怕孤独而勉强继续，因为后者迟早以相互怨恨而告终。虽然我们并不完全因为分手而感到喜悦，但至少我们可以为自己的这个决定感到高兴。

关于使用这个问题的建议

一如既往,在讨论这个问题的时候,我还是鼓励你聚焦在自己的情绪反应上。你和伴侣所讨论的未来是让你兴奋得内心小鹿乱撞,还是没有任何感觉?请记得,如果你们的梦想不能达成一致,折中和妥协也是一个选项。但是当你们讨论或想象那个折中方案时,请再次联系你的感觉。你们想在一起创造的是什么,不需要是一些特别宏大的事情,只要是你们共同的、一致的事情,哪怕只是一些一边看报纸、一边喝咖啡的慵懒的周日早晨。它让你们兴奋吗?会触动你的情绪吗?

耐心一点,慢慢来。无论围绕这个问题的对话中是完全一致的共同梦想,还是让你们审视各自的梦想,寻找可以将它们结合在一起的地方,抑或这个问题让你意识到你和伴侣最大的共同梦想并不在遥远的未来,而是你们明天就可以收获的快乐。关于未来,唯一确定的是你无法预测它。梦想会变,人也会变。带着温和的好奇心去看待这个问题带来的一切吧。梦想的形成或变化,都需要时间。你完全有权利随时改变你的梦想。对很多人来说,一旦有了孩子,梦想就会改变,你为自己考虑的事情就会被为孩子考虑的事情代替。所以,你会改变。你看重的东西发生了变化,因此吸引你走向未来的东西也发生了变化。这没问题,也绝对在意料之中。没关系,我们只是从你当下生活的角度来谈你现在的梦想。让梦想成为你航行的指南针,但不要为了实现梦想而牺牲当下的时光。

共同的梦想和目标是所有关系中最独特的标志。它们代表了你和伴侣通过融入对方的生活而创造出的维恩图[1]的重叠部分。从这种独特的统一性出发，将你们重叠的部分变成一种行动，变成你们共同做的事情，这是让你们之间的联结更亲密的最可靠方法。

---

1 用以描绘两个或更多的疾病或概念相互重叠的图示。——译者注

若这是终章：
希望永远留在你心底的话

问题 11

如果这是我们最后的对话,你希望我永远不会忘记的是什么?

> 我爱你，今生今世，永生永世。
>
> ――――
>
> 维多利亚，
> 《一个古拉人[1]家庭的力量》

对话中的倒数第二个问题将让你们去想象更遥远的未来，去到你和伴侣终会面对的分离时刻。无论是因为关系走到尽头，还是生命到达终点，你和伴侣终会分离。每一个故事都会结束，而一旦故事结束，可能性的大门就将关闭，你就不能再向伴侣讲述你们之间最重要的情感了。如果等得太久，你将没有机会说出那些你还没来得及说的话。但是假如你毫不迟疑，假如你选择此刻就说出那些重要的话呢？回答这个问题会让你知道，选择现在就去表达，不会给你带来任何损失。事实上，当这么做的时候，你会收到并给予一些非常珍贵的东西。

---

1 古拉人（Gullah），生活在美国东南沿海地区的一个少数族群，其文化保留了显著的西非语言（克里奥尔语）和生活传统。——编者注

反射彼此的光亮

现在,对话已经经历了疗愈、和解,以及认可你的伴侣在你们共同旅程中给予你的一切,这个问题要求你意识到这段旅程的结束。也许,基于你们已经发生的对话,你已经认定结束迫在眉睫;或者这次体验让你意识到你希望你们的共同旅程能永远继续下去。如果你属于后者,我要很遗憾地告诉你一个坏消息,世上没有永远。赋予我们和我们所居住的整个宇宙形态的能量,从本质上来说都处于不断流动的变化之中。没有什么是永恒的,试图强行这样做是对生命固有节奏的否定。你越能拥抱万事万物中隐含的起伏——无论好坏,你就越能以平和、优雅和觉知的心态,任由经验的潮汐在你身上涌动。

不管你们的共同旅程是明天结束还是 50 年之后结束,如果你花一分钟想象一下你和伴侣分别的那个未来时刻,你一定有一些重要的话要告诉对方。可能是一些建议、一些感谢,也可能只是单纯的爱的表达。请试着现在就想想这些话。想象自己把这些话大声说出来是什么感觉?是感觉尴尬,情绪得到宣泄,感觉害怕,被情感淹没,还是开心?无论是什么感觉你都不会忘记它们。现在,真正的分别时刻尚在看不清的未来,很有可能你的话听起来会太笨拙、太宏大或太沉重,以至于你无法与你的伴侣分享,因为你知道你明天还会见到他。这正是你为什么要把它们留到最后一次见面。你在保护自己,不让自己体验到情感暴露的强大力量带来的脆弱。但是，看看你已经在这次对话中走了多远吧。当面对这个问题时，你已经驾驭了强大的情绪，并一次又一次地说出了自己的脆弱。因此，这个问题的目标是充分利用你与自己，以及与伴侣之间建立起来的舒适感和信任感，让你抓住这个宝贵机会，说出那些如此深刻、诚实、脆弱，且深藏于你与伴侣之间的话语，这些话语在正常情况下你可能无法说出来。

迄今为止，我在这个世界上学到的所有知识里，极少有像"心是为爱而生"这样的观点让我如此深信不疑的。爱就是想要做的一切。但是在我们的生命历程中，某些经历以及我们所处的文化环境会让我们的心长出老茧，阻碍爱的流动。这种情况几乎发生在我们每个人身上，这也是生活在这个时代的常态。被拒绝、被虐待和经历创伤，都会在我们的内心形成疤痕组织，并试图成为保护我们免受进一步伤害的盾牌。再加上社会教给了我们规则——什么情绪允许被表达，在特定情境下什么程度的情绪表达才是适合的，以及通常情况下我们应该如何在他人面前表达情绪，这些都为我们纯粹的爱的表达和探索设置了重重障碍。因此，我们常常会感到不自在，不愿意分享我们内心自然而然创造出的纯净、灿烂的爱。这种分享不再轻松自然，反而使我们感觉困难重重。我们会觉得这样做很俗气、很老套，但这些感觉其实并不真的属于我们。它们是我们在无意识中吸收的文化评判，以及当情感挤压我们积累的疤痕组织时，我们所感受到的不适。

打破这些文化评判的方法是去觉察它们，意识到它们并不属于你，并在受到感动时勇敢地表达自己的心声。鉴于我们的社会环境，这么做并不容易。所以让这个问题成为温和的第一步，让你可以在生活中更多、更积极地练习。正如我们在问题6中所看到的"牺牲"的概念，你可以拿这个问题替你打掩护——分享一些看似俗气做作的东西。如果你愿意，也可以怪在我头上。无论如何，在这次引导式对话中这样做，会让你明白讲出自己的真心话是多么令人轻松。现在正是时候，你和伴侣通过一起解决前面所有问题建立起来的信任，已经创造出了一个适合这种亲密程度的空间。你们共同耕耘了你们的关系、联结和历史，这一刻是你们应得的。在这样一个你们共同营造的空间里，你的伴侣更有可能以深深的感激之情来回应你，而不是排斥或不知所措。你可能完全想不到你真诚的话语对伴侣意味着什么。

******

每当思考我们可以为彼此做些什么，以及我们可以用什么方式来滋养和丰富彼此的生命时，我总会想起作家兼精神病学家戴维·维斯科特说过的一句话："生命的目标在于发现你的天赋，生命的工作在于发展你的天赋，生命的意义在于将它奉献出去。"我们中有多少人把时间花在寻找我们已经拥有却没有意识到的天赋上呢？有多少人在生活中跌跌撞撞摸索，却无法看到自身的美好、智慧和才华？我们最亲近的人可以成为一面强大的镜子，将我们看不到的东西反射给我们。我们已经看到，伴侣进行这样的互动可以让彼此发现并进一步成长为完整的自己，而这对我们自身已经具有的优秀品质来说也同样适用。有时，我们的生活中需要出现一个人，这个人能够勇敢地说出我们身上的全部闪光点，我们才会对自己的才华有足够的认识，从而积极地、有意识地将它们回馈给这个世界。

2008年，我在拍摄一部名为《美国人》的纪录片时，需要去古巴、墨西哥、阿尔巴尼亚、越南和日本等国家，寻找"作为一个美国人意味着什么？"这个问题的全球视角。在日本广岛，我采访了一位1945年8月6日原子弹爆炸的幸存者。经历了那么多，他有很多的智慧可以分享。在他所说的事情中，触动我的一件事是：你一生中只能真正了解1000个人。从一个人完整的一生来看，这真的不多。那么，你所接触的这些少数的灵魂，分别带给了你什么经验，你又给了他们什么？对你生命中的人而言，你是一面怎样的镜子？不同于真实的镜子，我们可以选择自己反射给这个世界的东西，以及反射给这个世界上的人的东西。那你反射的是什么呢？你选择反射多么明亮的光给你所爱的人呢？

凯莉和弗吉尔：一个诚实的答案

我永远不会忘记44岁的凯莉在{THE AND}对话中问自己80多岁、满头银发、戴着眼镜的母亲弗吉尔这个问题的场景。说出这个问题后，她立刻认为自己知道母亲会说什么。

"去教堂？"她暗示道，带着一丝了然于心的嘲讽，她以为母亲会借此机会提出自己的道德建议。作为女儿，她也没有完全猜错。

"是的，保持对上帝的信仰，"弗吉尔回答道，"还有对人友善。因为你不是唯一活在这世上的人。对吧？"

"这我可是第一回知道。"凯莉边笑边说，这两个女人共同的讽刺、幽默感在此处得到了充分展示。

当她俩的笑声渐渐停止，凯莉的脸色稍沉。"好吧，"她说，"我俩都没啥问题了。"她是否有些失望？是否本能地感觉缺少了些什么？看起来她已经接受了母亲所给的幽默回应，虽然是真话，但它并没有表达出两个人情感深处的东西。

弗吉尔这时才认真起来，她摘下幽默的盾牌，开始对女儿讲真心话。

"嗯，生活中还有很多问题，"她开始说，眼中闪烁着笑意，"但这些问题只是偶尔冒出来，所以，你可以随时来找我。我可能不会给你想要的答案，但我会给你一个诚实的答案。"

"那是当然喽。"凯莉插话道，她明显认为她们的对话还是会继续沿着一种开玩笑的方式进行。但是弗吉尔的声音变了，她的嗓音变得低沉，好像是从身体的另一个地方传出来的。对于她接下来所说的，凯莉完全没有想到。

"我会一直爱你，直到我离开人世的那一天，"弗吉尔继续说道，"到那时，我就很难和你沟通了。但在上面的某个地方，你知道我会看着你。"她脸上洋溢着自豪和爱的真诚笑容。"我是那样的爱你。你给我的生命带来了太多太多。"然后，她的笑容消失了，在接下来的整个对话过程中都非常严肃认真。她对女儿说："如果我明天就离开这个世界，我的生命也是完整的，因为有你，你是我特别的宝贝。"

在这里，弗吉尔敞开心扉，说出最纯净无染的真心话，让凯莉可以感受到。如果仔细观察这对母女在这句话之后坐在一起的样子，你就会发现言语已表达了她们深厚的情感联结。她们热泪盈眶，彼此对视，沉浸在这一刻。从凯莉的表情来看，她无疑收到了一份巨大的礼物。

但凯莉在数年之后才完全感受到了这份礼物的力量。在我们拍摄这次对话 6 年后，我收到了一封来自凯莉丈夫的电子邮件：

我联系你是想让你知道凯莉的母亲，弗吉尔，上周在我们家里过世了。虽然过去的几个月很艰难，但是我必须告诉你……今天凯莉想起了和弗吉尔一起拍的{THE AND}对话，然后她今天就一直在看录像。我还记得当初我鼓励她们去参加对话时的情境，我真的很高兴我们能留下这段对话。

所以非常感谢你创建了这个了不起的项目，让我悲痛中的妻子可以在重新观看和妈妈的对话中获得一些安慰，真的……非常感谢。

在哀悼母亲的离开时，凯莉一遍遍重温那个时刻，在和母亲的对话中那纯粹、真挚的深爱中找到安慰。除了一个能超越生命终点的事实，我们还能给彼此什么更棒的礼物呢？

把现在当作终点

就在拍完《美国人》不久，我开始参与拍摄梅根·奥哈拉导演广受赞誉的癌症主题纪录片《我的抗癌岁月》[1]。在影片拍摄过程中，我有幸了解到已故法国神经科学家、癌症领域革新者大卫·塞尔旺-施莱伯。我遇见他的时候，他还是一名癌症幸存者，并因此成为癌症治疗和预防领域的杰出人物。但不幸的是，在被诊断患有癌症的 20 年之后，他的癌症复发了。他在离世之前

---

1 《我的抗癌岁月》是一部 2016 年的纪录片，讲述了人们预防癌症的努力，特别是记录了大卫·塞尔旺-施莱伯博士的研究，并探讨了西医治疗癌症的失败。该片由癌症幸存者梅根·奥哈拉制作和导演，摩根·弗里曼担任旁白。——译者注

的最后几个月中，用微弱的声音口述了书中的文字，大卫创作了《不是最后的告别：生命、死亡、疗愈和癌症》(Not the Last Goodbye: Life, Death, Healing, and Cancer) 一书。这是一本充满了有价值的信息和智慧的书，但是我最大的收获是大卫博士那至关重要的建议："不要等到最后才去做你想做的、说你想说的，最好把现在当作终点。"

终点极少会在恰到好处的时刻出现。所以一味等待那个时刻实在太过冒险，也根本不值得去冒险；如果你把现在当作终点，唯一的冒险就是表达自己情感上的脆弱。如果你要等待生活给你一个适合的时机来向所爱之人倾吐衷肠，那你就可能错失情感交流的机会，而这种交流终有一天会变得永远遥不可及。所以你还在等什么？把现在当作终点吧，对你的伴侣讲出真心话，去把握这个你为自己争取的时机。

我自己也曾因为等待"合适"的时机来告诉我生命中的人他们对我有多么重要而感到内疚。不幸的是，因为没有当时告诉他们，我付出了沉重的代价。2011年4月，我在布鲁克林的一家咖啡馆写东西的时候得到消息，我的好朋友、英国摄影记者蒂姆·赫瑟林顿在报道利比亚内战时，被迫击炮弹的弹片击中身亡。就在两个月前，他才因为自己的作品《雷斯特雷波》被提名奥斯卡最佳纪录片奖而走了奥斯卡红毯。有那么一刻，我呆坐在那里，陷入完全的震惊之中。我的视线变得模糊，等到眼睛可以看清眼前的屏幕时，我看到的是写了一半的和蒂姆合作的电影剧本。我刚刚还想到了他，还在写我们花了数小时讨论的项目，就在我停下休息看手机时，才发现来自他未婚妻的无数个未接来电和未读信息。

每当你看到手机上的信息铺天盖地般袭来时，你就知道，这不会是好消息。我试着做好心理准备，但当我给她回电话，她告诉我发生了什么的时候，我的心一下就碎了。我开始绞尽脑汁地回忆我最后一次和他说话是什么时候，我们说了什么。我快速回忆着和他共度的那些时刻，还有我们所有的对话。我翻看手机，寻找蒂姆的语音邮件，想要听听他的声音，但是没有找到。我坐在那家咖啡馆里，脑海里全是我想对蒂姆说的话。但我只能坐在那里，默默悼念我的朋友，那些没有说出口的话，在我的头脑里不停盘旋。我意识到，我们的友谊就像是一根再也不会继续延长的线，只能随着时间慢慢消失，只能存在于记忆之中。

这的确是一次非常可怕的经历，它也坚定了我"立刻去做，把现在当作终点"的想法。从那时起，我便开始坚定地去践行这一点。在你的一生中，你有很多机会去表达任何你想在生命终点时说的话，你可以说许多次再见，你可以说无数次"我爱你"，你也可以无数次表达真正重要的东西。你不需要等到最后一刻，也不该这样。生命终点极少会预告自己的到来。它就这么出现了。到它出现时，一切都为时已晚。不要觉得你需要等到一些特别的或创伤性的事情发生，因为那时候可能已经没有时间让你说出那些话了。如果我们都能把现在当作终点，如果我们可以说出关系深处的真心话，如果我们可以成为我们所爱之人值得拥有的那面镜子，我们会生活在一个怎样的世界里呢？

关于使用这个问题的建议

通常我们不认为自己有必要亲口说出对伴侣的那些最深切、最强烈的情感，觉得只要自己心里明白就够了。即使我们选择表达这些情感，通常也是用非语言的方式——行动、微笑、触碰或是希望能够表达出这些强烈情感的手势。大多数情况下，这也是有效的，我们可以一字不说地向伴侣成功传达我们深切的爱意。

但是请你想一想：我们既然能用语言表达这些情感，为什么不用呢？我们也许不必说出来，但把我们的情感用语言表达出来有什么不可以呢？世界上最有才华的艺术家在创作出举世瞩目的作品之后，也许不必继续创作。但因为他们有这样的能力，所以他们会继续向世界奉献自己的天赋。你有能力给你的伴侣一份礼物，让他/她听到你用语言表达对他/她深深的欣赏与感激，有什么理由不这么做呢？如果我们一生中只能与1000个人亲密接触，为什么不在人群中传递1000个真诚和联结的涟漪呢？

犹太裔哲学家路德维希·维特根斯坦在剑桥大学学习哲学时说过

这样一句话："语言的局限意味着世界的局限。"对维特根斯坦来说，语言是我们理解人类经验的极限。我们对人类经验的表述越细致、越完整，人类经验就越丰富。你的语言是有力量的。说出来，你和你身边人的世界才会变得更加充满活力。

爱的理由：
关于为什么是你的终极答案

问题 12

你为什么爱我？

> **爱你的理由说不完。**
> ————
> 伊贾格，
> 《如果我不在了，你会崩溃吗？》

我们在日常生活中会经常问这个问题吗？虽然它的答案就是你和伴侣共同生活的每一刻、每次互动的核心所在，但很少有人将它说出来，并付诸行动。当你爱上一个人时，你会确信你对他/她的爱存在于你的内心深处。但是，你是否曾停下脚步去审视它？你知道它存在，但它看起来像什么？你对它有什么感觉？

你可能会发现，如果你继续追问这个问题，一层又一层地剥开亲密关系的外衣，这些外衣包裹的恰恰是一种难以言说的亲密感。这次对话给你们带来的最后礼物是：第一，有机会阐明你对伴侣的爱背后的原因和细微的感受，让你们双方意识到你们关系中蕴含的特殊神性；第二，有空间静静地感知和敬畏我们称为"爱"的超然力量。

一个超验信息

在你们向对方提出的所有问题中,这个问题可能是最大的一个。你们接近结束的对话,让你们意识到与伴侣之间联结的深度和复杂性。现在,我请你们尽最大努力,用语言来提炼出这个充满回忆、情感、挑战、痛苦、韧性和神圣的世界。在拍摄 {THE AND} 对话的时候,我常常看到这个问题被提出来之后,回答者在试图用言语表达自己对伴侣的感情之前,就已经被汹涌而至的爱的洪水"淹没"了。这肯定不是一个容易完成的任务。所以如果你觉得这个问题比之前任何一个问题都更具挑战性,别担心,和你情况一样的人有很多。但请记得,前面的 11 个问题已经让你在情感表达和真诚沟通上有了足够的练习。虽然这个问题看起来很大,但请你尽最大努力告诉伴侣你爱对方的原因吧,这么做在很多方面对他 / 她非常重要。

我认为告诉你们的伴侣你们爱他们的理由,给予他们这份礼物,其重要程度超越了你们的对话,也超越了你们的关系,甚至超越了我们认为的"生命"本身。我由衷地相信我们来到这个星球上是为了相互学习。我们都是选择从无限中脱身出来的灵魂,为的是追寻一种只能在有限存在中才能获得的知识。这种知识绝大部分来自我们和其他灵魂的爱的联结,而他们和我们一样在进行这样的探索之旅,就像我在纪录片中提到的那位广岛幸存者说的,这样的人大概有 1000 个。凝视另一个人的眼睛(在谈话的一开始你可能已经练习过这么做了）——这样一个简简单单的动作，相当于瞥见了那个无限之地：那个我们从那里来，也终将回归的地方；那个完全由爱构成，以至我们的灵魂在其中甚至无法分辨到底什么是爱的地方。因此他们需要来到一个地方，在这里爱是特别的、珍贵的，而且常常与这世界中存在的疏离形成对比，这样他们才能体验到爱。因此，向我们的伴侣解释为什么我们爱他们，就更能让他们的灵魂完成在地球上的使命。迎接挑战，诚实地回答这个问题，是我们所能给予的最意义深远的奉献之一。

我们真正想听到的是什么

虽然这个问题的答案蕴含着如此强大的力量，我们却很少去问自己的伴侣，甚至问自己这个问题。就算真的去问，通常也是在吵架或分手的情境里，那时我们已经因为情感受伤而痛苦不堪，并且在那种状态里看待我们的关系，这个问题就带着"我为什么要在这段感情中这么投入？我到底能从这段关系里得到什么？"的味道了，因为我们想要合理化自己感受到的痛苦。

这也是为什么有意识地创建一个空间来问出这些问题如此重要。如果没有一个设定好的框架去回答这样的问题，就有可能导致问题只能得到表面理解，无法得到一个纯粹的回答。但此刻来问这个问题，即在这段对话接近尾声的时候，你们已经从各种角度检视过你们的感情与联结，也已经在一个安全的空间里花了足够的时间对它们进行探索，这就给了双方感受自己情感脆弱的自由，你也可以听到你的伴侣真正爱你的原因，就在这一刻，就在当下。这些原因是从这段关系的整体视角出发的，伴随着清澈的眼神和敞开的心灵。在一天即将结束之际，这难道不是你们俩最想听到的吗？

让我们稍微回到洛克和玛塞拉的对话中，来看看这样的整体视角可以如何让独特和有力量的答案从这个问题中如花般绽放。这是一对历经数年牢狱分离，一直苦守婚姻关系的伴侣。我们曾在问题 8 时分享过他们的对话。当洛克问玛塞拉这个问题时，她的眼睛睁得大大的，发出了一声颤抖的叹息，因为她被自己对洛克的爱全力击中。没有花费太长时间，她将这无边的爱意凝练成了一句钻石般耀眼的肺腑之言。"你让我变得完整，"她说，"你让我成为一个更好的女人。"

在洛克回答同样的问题之前，他先让自己花了些时间，沉浸在伴侣的答案之中。"为什么我会爱你？"他开始了。"经历了 18 年半多次被监禁的生活之后，我现在 36 岁，马上 37 岁了。从 13 岁第一次被监禁以来，我想过的所有我人生中能拥有的……"他深吸一口气，陷入沉思，然后吐出一口气，说："我想要的，现在都有了。你帮助我完成了所有我知道的在人生中需要完成的事情，让我不会重返监狱，不再参与街头活动。"

"所以，我让你变得更好了？"玛塞拉带着一丝坏笑问道。

"你让我对正义有了更完善的理解。"洛克回答道。我从玛塞拉的眼睛里看得出放松与骄傲，还有对他们经历这一切之后，接收到的这份被表达出来的礼物的理解。

关于使用这个问题的建议

在被问到这个问题时，参与者常常会本能地说："我就是爱你呀。"这种反应有时候可能是另一种文化口头禅。我们被教育：说爱就是爱。它只是一种感觉，太过于神秘，包罗万象，没有条件，无法言说。在我儿子出生之前，我一直都不明白什么是真正的无条件的爱。对于儿子，我的爱不是一个选择，它是我永远无法被改变、被拿走的东西。

但是我们对伴侣的爱都是出自选择，而选择中自有一种特别的美好。想想是什么让你做出那个决定，你就可以用真实、特别的方式来回答这个问题，而不用去背诵文化口头禅。像我们看到的洛克和玛塞拉那样，用语言描述看似无法形容的事物其实是可能的。当然，也并非总是可能的，甚至是必要的。在你能找到或找不到的表达爱意的言语之下，有的只是纯粹的感觉，而这种感觉，无论你如何穷尽情感表达的技巧，都不可能用语言表达出来。表达它的唯一方式是经历一个沉默、彼此联结的时刻。在这样的时刻，这种感觉就在那里，就在你心中闪耀。这个时刻所表达出的，和"我就是爱你呀"非常相似。但是，如果你真正沉浸于自己的情感中，如果你在你们所在的空间里召唤这种爱的感觉，让它与你和伴侣同在，"我就是爱你呀"就不会是一句文化口头禅，而是你真心实意的表达。相信我，你们双方都能感受到这种不同。

我想邀请你感受一下曾发生在拉法和道格拉斯（我们在前面提到过他们）之间的这样的时刻。

"你为什么爱我？"拉法问。

在道格拉斯回答之前，他花了点时间，让内心深处对拉法的情感浮现出来。当他联结到这些情感时，他频频点头。到目前为止，他们已经在对话中充分地探索过这些情感，它们近在咫尺，只需片刻，他就能再次联结到它们。

道格拉斯回答说："不是因为某一个原因或某一件事。这也是为什么它会如此珍贵。就是——我就是……就是，我爱你，爱得那么深……我就是爱你。"

如果这些话出自另一个人之口，出自一个说话前没有花重要时间联结自己情感的人，那么这些话很可能不过是文化口头禅。仅从文字上我们看不出其中的差别。但是，如果你看到他们的对话，看到道格拉斯眼中闪耀出的真相,看到拉法在结束对话那一刻神圣的沉默中流下的泪水,你就会明白我的意思了。

两个人静坐良久,默默无语,只是凝视着对方的眼睛。从身体上看,他们第一次坐下来对话时发生的事重现了:他们静静地坐着,凝视着对方的眼睛。但这时的沉默是不同的。有些东西——看不见,但不可否认是真实的——改变了,成长了,更强大了。当他们凝视对方的眼睛时,他们看到了什么?无限,自己的灵魂在他人身上的映射,还是仅仅是他们选择与之分享真正亲密关系的那个人充满爱的凝视?

他们相互凝视了许久。

然后,既是作为对话的结束,也是他们关系的新篇章的开启,拉法对道格拉斯低语道:"我也是。"

第三部分

在你开始之前

你们已经看到了问题可以如何塑造你们关系的可能性，一个有力量的问题的组成元素是什么，以及创造一个安全的空间来进行有联结的对话是多么有必要。但是如果对话在进行过程中偏离了轨道怎么办？需要做些什么才能重回正轨？提出这 12 个问题的最好方式是什么？如何在任意时刻进入你们之间的对话空间？以下是应对这类挑战的策略。

解决纷争：
如何重回正轨

进行深入而坦诚的对话是一项挑战，尤其是当你和伴侣没有太多相关实践经验的时候。将这些方法付诸实践，将大大有助于消除你们在进行亲密讨论时可能遇到的障碍。但是，如果你发现自己仍然因为一些原因而陷入困境，或者在开始时感到紧张，那也没关系，这里有一些方法可以轻松化解这种引导式对话中最可能出现的问题和担忧；如果你和伴侣发现自己陷入了困境，还有一些让对话回到正轨的小贴士。

通用指南

不要带着期待或计划进入对话

对话的目的就是让对话发生，仅此而已。它不需要改变你的生活，不需要让你感受深刻，最重要的是，不需要解决任何问题。当然它有可能做到这一切，甚至更多。但如果你进行对话时一心想着你要的最终结果，那么对话注定会失败。

如果你已经走到了这一步，那么想通过一次对话帮助你和伴侣深入而亲密地建立联结，可能会让你产生某种情绪反应。也许你感觉这很有趣，令人兴奋，或者这像一个挑战，你觉得它会让你更深入地了解自己、了解伴侣和你们之间的关系，甚至有可能让你以一种更有意识的方式存在于这个世界——那就更好了。但我也大胆猜测，在你的内心产生这种情绪反应之后，你的大脑就会开始产生想法，并兴奋地低声告诉你，而且这些声音可能会盖过那些情绪。你的大脑会问："你能从这次对话中得到什么呢？"于是，你便开始思考这次对话可以如何具体地改善你们的关系，它能改变你和伴侣互动方式中的哪些具体方面，它能解决你们之间不断出现的哪个问题，它是不是那个总导致争吵的摩擦点；又或者，你开始幻想这次对话将成为你改变人生的一次强有力的经历，幻想它将如何成为你和伴侣在未来珍视的记忆。这些都很正常，我不会因为你有这样的想法而责怪你，如果这些想法为你提供了必要的动力，让你决定真正去进行本书所讲述的对话，那真是太好了。但是，一旦你已经做出了这样的决定，最重要的就是让这些想法统统消失。当你坐下来进行对话时，那些受思想驱动、以结果为导向、头脑中产生的动机应该成为离你最远的东西。放下期待吧。把注意力集中在一开始引导你们来到这里的原因上：最初的情感火花，你们对对话的兴趣和好奇，这才是从你们内心深处迸发出来的。

你和伴侣来进行这次对话，目的不是连接两个大脑，而是让两个生命联结在一起。在日常谈话中，你的大脑已经说得够多了；这次对话是一个机会，让你的心可以站在舞台中央，去充分倾诉自己。一旦你开始回答问题，就要尽可能依靠深度倾听——进入你的身体，相信那些直觉感受，然后再形成你的答案，以确保对话始终以你的内心所想为导向，而不是以你大脑预设的僵化议程为导向。头脑是用来保护的，心灵是用来联结的。这是一个锻炼你自己，让你的内心得到倾听的机会。带着某种目的踏入这段体验将无法实现这一点。它会让你去思考而不是去感受，会让你说出大脑精心策划的话语。

遵循提问顺序

我衷心希望，这本书引导你进行的对话，只是你人生中许多场由深思熟虑、强有力的问题组成的亲密对话的序曲。每一次对话都将不同。也许你们会用 {THE AND} 对话的卡片游戏，或是 {THE AND} 对话 App 来进行练习；也许你和你的伴侣会变得非常善于提出更好的问题，以至你们能自己进行这样的对话。

但对于本书中所列出的具体对话，我强烈建议你不要随意打乱提问顺序。这 12 个问题的顺序是经过精心设计的。正如你已经看到的，问题的目的是通过回顾过去，来建立亲密关系和联结的基础，然后探讨当下的快乐和挑战；探讨完这些之后，要求你们展望未来，对这段关系有一个全面的认识，再以纯粹的联结作为结束。

因此，最好一次性完成整个对话，以便在加深亲密关系的旅程中体验每一个重要的环节。如果选择在不同的时间问某些问题，特别是如果你还没有和伴侣明确你们正在做什么，并且没有创造一个安全的空间，那么就可能出现问题。但是遵照本书中列出的问题顺序，就可以确保你们已经为可能在关系中经历的任何情感困扰做好了准备，并为后续妥善处理这些困扰创造了空间。

如果在任何时候，你们中的一方或双方都觉得对话把你们带到了一个特别沉重或黑暗的境地，我鼓励你们通过这些问题温和地继续前进。请放心，这些问题都是经过精心设计的，目的是引导你们走出困境，平安返家。带着觉察、慈悲和共情慢慢地向前走，你们会一起到达目的地的。

记得慢下来

请确保你和你的伴侣为这次对话预留了充足的时间，这样你们就不会感到匆忙，就可以自由地根据需要慢慢来。从一个问题匆忙跳到另一个问题，容易得到对方敷衍的回答，你们会没有时间进行深入的，有时甚至是意料之外的讨论。你的回答所引发的讨论，往往比任何直接的答案更为重要。

请记住，这里的主旨是不要过于关注答案。因此，如果你或你的伴侣的回答已经开始揭示出一个更大的拼图，那么就不要在回答完一个问题后匆匆离开。尽可能花时间去深入地挖掘，让对话自由发展，让身体给予指引。让新的问题从这 12 个问题的答案中产生。请记住，并非所有的问题都同样的重要，所以尽可能有意识地去构思后续的回答。完整、全面地提问和回答，为深度倾听和情感表达留出空间，让它们按照自己的节奏发展。慢慢来。

如果对话让人太痛苦怎么办

慢慢地进行对话很重要，尤其是当对话的情感基调飙升，或你和你的伴侣变得激动时。当痛苦来临或冲突出现时，人们会自然而然地加快速度，试图摆脱痛苦，寻求安慰，或尽可能快地说出自己的观点。要意识到这些陷阱，深呼吸，放慢速度来克服。

如果发现自己出现本能的冲动,你想要从脆弱的体验中逃跑,请想一想我们在问题 7(你希望能帮我疗愈哪些伤痛?为什么?)中学到了什么。对痛苦进行安全和有支持的探索,可以带来疗愈。被忽视的伤痛仍然会痛。虽然处理任何类型的伤痛都会让人不适,但它是我们可以真正摆脱伤痛,继续向前的唯一方法。所以与痛苦的情绪共存吧,在疗愈伤痛的过程中,我们的喜悦也会加深。邀请它喝一杯茶,让它倾诉心声,然后提出下一个问题,你知道这 12 个问题会自然地将你带入更愉快的情绪中。

创造性倾听

如果你发现你们已经出现了冲突,你能感到自己热血上涌,语速加快,我有两个非常有帮助的工具推荐给你。这里先介绍第一个——创造性倾听。这个说法是我的好朋友、软件开发负责人理查德·特里普提出来的。特里普善于表达,拥有极具创造力且坚韧不拔的头脑。他在改善软件开发人员和企业领导者(两个经常处于冲突状态的群体)之间的沟通方面发挥了关键作用,提出了开创性的技术。特里普所教授的创造性倾听是一种简单可靠的方法,它不用回应,只需单纯倾听彼此,将对话的能量转移到建立共同目标上,你甚至不用理解对方,只需要帮助彼此表达实时产生的新的领悟。

以下是具体的方法:为了确保你真的在倾听对方,也为了让说话者知道这一点，在你做出任何回应之前，首先重复一遍你对对方所讲内容的理解。你可以用"我来复述一遍"或"我理解的你的意思是……"这样的句子来开头。这样说话者就知道你在倾听并试图理解，相比我们平时沟通中经常默认使用的"倾听是为了回应"，这是一种令人耳目一新的方式。我们经常发现自己争吵不是为了争出谁对谁错，只是想要被听见。所以当说话者结束表达其观点时，你在做出回应之前，请向他们重复你所听到的内容。

现在说话者有三个选择。第一个选择是说"是的，这就是我的意思"。但这里发生的事情是，说话者的心理已经放松下来，因为他们知道自己已经被听到了。你刚刚给他们重述了一遍，他们知道你理解了他们。因此，随着对话的进行，他们的感觉是：我们是一个团队，我们站在同一条战线上，我们正在解决这个问题。

说话者的第二个选择是说"不，我不是这个意思"。有多少次，你发现在说话时有人打断你，说"就是这样"，或者试图扩展你所说的内容，虽然这根本不是你所要表达的。然而，文化规范却告诉我们应该说"是的，差不多"，然后继续下去，而不是停下来澄清，对他们的观点表示不同意。我自己也这样做过，尤其是我年轻的时候。但这是一个非常重要的转折点。让倾听者重复他们听到的内容，可以确保他们理解你和你想表达的意思。你可以把"创造性倾听"看作一种语言处理方式，在这种方式中，我们不是相互争辩，而是相互协助，实时表达正在发生的领悟。因此，你们要保持这种一来一往的交流过程：发言者提出自己的观点，倾听者进行重述，直到发言者觉得自己的观点确实被听到了。这并不意味着你要同意对方的观点。只是确保对话是在一个以共同理解为首先目标的空间里进行，每个参与者都有能力陈述和完善自己的观点，直到他们觉得自己的想法得到了清晰的表达和理解。试试看，当你知道自己被倾听时，你会惊讶于你身体的反应。

所以你们要重复这个过程，直到发言者说"是的，这就是我的意思"或者出现第三个选项。一旦发言者听到自己所讲的话被重述出来，无论那是什么，他们都会从一个新的视角来看待自己所说的一切。他们听到自己的话被重述，可能还加上了更多之前没有的细微变化。现在他们完全有权利说："是的，这就是我说的，但是当我听到你对它的重述时，我意识到我不是这么想的。"这种情况发生的频率比我们愿意承认的要高。通过别人重述我们自己的想法，可以让我们不那么执着于认同自己的想法，这样可以比单纯的自我阐述更能审慎地对自己的想法做出评估。

当感觉自己没有被倾听时，我们就会封闭起来，开始将渴望被倾听与渴望正确混为一谈。而一旦你被倾听，就有机会审视自己的论点，看看它是否仍站得住脚，你甚至可能在听到自己的论点被重述之后改变自己的立场。创造性倾听正是为此创造了空间。在 The Skin Deep 工作时，以及在家中和伴侣相处时，每当感觉到自己变得紧张，变得想要控制局面、加快速度或走向冲突时，我都会立即使用创造性倾听。

执行硬性规定

第二个工具就是执行硬性规定。我的父亲伊查克·阿迪泽斯博士是变革管理领域的先驱，他在推广文化变革的方法和实践中使用了这一小巧而强大的工具。作为他的儿子，我和弟弟在吵得不可开交时经常使用这个工具。我们中的一个人会大喊："硬性规定！"然后大家都要遵守。硬性规定是一个非常有用的工具，它可以立即遏制事态的发展，并为每个人都能完整地表达自己的意见创造空间。毕竟，如果你们提高嗓门，互相指责，那就很难取得进展。因此，如果你发现这种情况，可以喊出"硬性规定"——在发言者说出你的名字之前，任何人都不能发言，就像房间里有一根发言棒[1]一样。只有在当前发言者说出下一个人的名字，表示自己的发言结束时，下一个人才能开始说话。从实质上讲，就是发言者交出了发言棒。在大型团体中轮流发言时，发言者会看向自己的右侧；下一个想发言的人举手，当前发言者就会说出最靠近他右侧的举手人的名字。在一对一的谈话中，谁是下一个人是很清楚的，但在团体中，就是往右传递。顺便说一下，这个工具在头脑风暴会议或处理团队内部争议问题时特别有用。

---

1 早期印第安部落举行会议时的传统，拿到发言棒的人才能说话，现在也被一些团体活动或会议采用，以让大家的注意力聚焦在发言者身上。——译者注

因此，如果你发现自己无法放慢速度，那么同意执行硬性规定可以控制交流的节奏，为每个人创造被倾听的空间。

一定记得关闭空间

当你或伴侣因太过痛苦而难以继续，或仅仅因为时间不够，有人需要离开而结束谈话时，特别重要的一点是，你们要把刚才为进行对话打开的空间关闭。当不适或冲突开始让你感到难以承受时，不要一下子结束对话。相反，无论对话此时进展到哪里，停下来，深吸一口气，然后进行问题 11 和问题 12。确保你们提出并回答了最后两个问题，那么无论对话进行到什么地步，都能在有联结的氛围中结束。

如果你感觉你的伴侣没有全力参与怎么办？

对于这样的对话，一方感到兴奋，另一方则无感是很常见的。后者可能会认为这是在浪费时间，是无关紧要的事情；或者他们可能害怕主动参与任何会让他们体验到脆弱感的事情。如果你的伴侣是这样，但你有兴趣进行这样的对话，那么在邀请他/她和你一起体验时，你需要温柔和体贴。要提醒他/她，如果他/她出于任何原因不想回答某个问题，可以选择跳过。你要向他/她保证，这次对话不需要达成任何具体的成果，不管发生什么，体验才是最重要的。

如果这时你发现你的伴侣仍然犹豫是否和你进行这次对话，我建议你与你的伴侣约定一个时间，你可以坐下来告诉他/她，你们要一起做的这个游戏对你来说有多重要以及原因。如果你告诉对方，你真心希望能够有一次这样的体验，却仍然遭到拒绝，那么你可能需要考虑一下，对你们的关系而言，这说明了什么。这可能不是唯一一次你想和伴侣分享一些重要的东西，但他/她不配合。这本身可能就是一个有建设性的话题。说到底，你不能强迫你的伴侣和你一起去体验这些。如果没有伴侣有意识和有意愿地参与，你们最终也不会培养出这些问题想要发展的那种亲密关系。

现在，一旦你们都同意参与并开始了对话，如果你感觉你的伴侣在情感投入度上不如你那么深，或者不如你期待他/她能做到的那样，请退后一步，试着给他/她留出空间，让他/她做自己。之所以你会有这种感觉，可能是因为他/她在情感表达方面不如你熟练，而正如我们所看到的，情感表达需要练习。每个人的沟通方式各不相同，这可能不是你的伴侣的沟通方式，他/她可能会用其他方式来表达自己的情感。虽然这次对话是你俩共同的经历，但除了参与本身，没有人必须以某种方式参与，也没有所谓的正确参与方式。放低你的期望值，让对话自然地展开。如果对话结束后，你觉得没有达到你想要的情感深度，请记住，世界上本就不存在完美的事情。我们甚至无法确定我们的关系是否走在正确的发展之路上。这是一个练习，练习走进你们之间的空间，探索你们之间存在什么。你可以在未来再试一次，唯一确定的是，每一次对话都会不同，都会有新的发现。

从这里去向何处……

万一事情变得很糟，非常糟糕，怎么办？万一通过这个对话你意识到你和伴侣的联结不如你预想的那样坚固，或者完全不堪一击——怎么办？也许他/她拒绝倾听你的真实想法；也许你发现当初爱的火花已经熄灭；也许就像我的那段关系，你开始明白你们的人生根本就不在同一条轨道上；你也可能第一次意识到对面坐着的那个人是一个彻头彻尾的浑蛋。

如果这次对话会让你和伴侣分手怎么办？

不瞒你说，有这种可能，我还见过不止一次。记得有一次我在比利时参加一个演讲，在上台之前，我后面的那位演讲者来到我面前。

"嘿，托帕兹，"他直截了当地对我说，"你的那些问题卡片破坏了我的婚姻！"

我们常常会故意忽视与伴侣没有共鸣的地方，或者随着时间的推移我们与伴侣失去共鸣的地方。这些跑调的音符听起来并不悦耳，所以我们往往不倾听它们，把它们屏蔽掉。我们在关系中可能投入了太多,以至有时宁愿选择忽略不和谐的声音,也不愿承认我们和伴侣之间已经不再和谐,更重要的是,我们寻找共鸣的意愿也已然消失。难道我们想要通过把不再让我们感觉悦耳享受的歌曲的音量调低度过余生?在这尘世中的短暂光阴里,如果能把音量开足,完全沉浸在美妙的交响乐中,岂不是更好?

我已经分享了很多,比如如何慢下来,如何与不适感共存,以及不要着急回答下一个问题,这些都很重要。我认为这样的建议适用于许多场合,尤其是在积极参与我倡导的这类对话时。但是任何规则都有例外,在某些特定情况下,继续待在痛苦的情况中不仅没有帮助,甚至可能具有自我毁灭性。有时候我们能做的最好的事情,就是尽快进入下一个阶段。

我在比利时遇到的那位排在我后面的演讲者对我说了什么呢?是的,他的确告诉我,我所设计的问题让他结束了多年的婚姻。但是他接下来对我说:"谢谢你。因为这帮我找到了现在的伴侣,我比原来幸福太多啦!"从他的眼神中我看得出,这是真心话。

如果这次对话让你们的关系结束,很好。意识到这一点的那一刻会感觉很好吗?大概率不会。但从个人层面来说,我们生命中的资源还有什么比时间更宝贵呢?如果这次对话能帮助你更快地结束一段不和谐的关系,那么你不就离找到下一个伴侣、学习他们,以及学习世界为你准备的下一课更近了吗?正如我们一再看到的那样，健康关系的关键之一是能够应对生活中不可避免的挑战和变化。如果这次对话就是这些挑战之一，而且还是让你无法克服的挑战，我会说这是非常有价值的信息。如果你发现自己的船已经漏水，无法再承受海浪造成的颠簸，那么把时间花在寻找一艘新船上不是更好吗？

你可以再花几个月或几年的时间去堵漏，让自己身心俱疲，但你真想这样做吗？这是对时间最好的利用吗？有些漏洞发现后，完全可以修补。但是，如果你和你的伴侣不打算修补这艘船，不打算再维护它，那么这对船的寿命来说可不是什么好兆头。

综上所述，从统计学的角度，这种对话更有可能拉近你们之间的距离，而非让你们越走越远。在我所见过的成百上千对伴侣中，绝大多数伴侣在谈论这些问题后都发现他们的亲密程度远远超过谈论之前。他们经受风暴的能力增强了，而这些风暴所提供的经验教训也变得更加清晰。他们也更能觉察到伴侣在日常相处中给自己提供的经验。除此之外，他们还很开心、很享受。他们会大声欢笑，也会尽情哭泣，而当哭泣时，他们会为自己的眼泪心怀感激。

如果你使用这些工具，并将自己完全交给自己的体验，最有可能的结果是，你将走进你们之间的空间。但不要止步于此。即使你对这 12 个问题的体验比你想象中的还要好，我仍然鼓励你在合适的情况下多次回到这个对话中。你的回答会有所改变,你的沟通技巧会越来越好,你与伴侣之间的联结也会越来越紧密。回答我在这里提出的最后一个问题并不是结束,事实上,你会发现恰恰相反。

结论和其他要点

几年前,我收拾好装满摄影器材的行李,来到科罗拉多州的西部斜坡地区,前往一个由农夫、牧场主和真正的牛仔组成的社区拍摄纪录片。和往常一样,当我到外面的世界冒险、收集素材时,我不知道会在那里发现什么。奶牛?也许吧。美丽的群山?希望如此。尘土?当然。但除此之外,我不带任何的预期。

由于诸多原因,在那里的时光最终成了我人生中一段最充实、最有教育意义的经历。在海拔一万英尺[1]、山杨树覆盖的高山上,我学到了一些完美匹配牛仔聚居环境特质的东西——责任、纪律,以及如何在生活中塑造健康、积极的男性能量。然而,在科罗拉

1　1 英尺为 0.3048 米。——编者注

多期间我得到的最有价值的经验，是我从未想过会在奶牛、群山和尘土中发现的，但我确实在那里发现了很多，那就是成功婚姻的秘诀。

拍摄期间，我有幸认识了卡尔和乔埃塔，他们是一对已婚的牧场主夫妇，以西部斜坡地区为家。从我见到他们的第一眼，我就被他们之间的联结、他们那每时每刻的亲密关系所打动。我花了很多时间和他们在一起，足以看到他们从平淡无奇到温情脉脉再到紧张不安的各种情况下的表现。他们之间那种亲密无间的感觉，那种近乎可触摸的爱的联结始终存在，令人着迷。几天下来，我不禁要问："他们之间的秘密是什么？他们是如何培养出一种在陌生人眼中也那么明显的生机勃勃的关系的？"

一贯慷慨大方、乐于助人的他们告诉了我答案，而答案简单得有些好笑。每周至少有五个晚上，卡尔和乔埃塔会抽出一个小时的时间。在这个神圣不可侵犯的晚上，他们会为对方倒上一杯葡萄酒，然后在后院的浴缸里泡澡。他们一边眺望着落基山脉，一边谈论着自己的生活和经历。他们会共同或各自分享自己的心路历程。最后一点是最重要的。热水浴、美酒、群山——这些都很美好，但它们都不是秘密所在——秘密在于卡尔和乔埃塔有意识地、用心地、定期地留出时间，通过开诚布公的对话，积极增进他们之间的联结。他们已经形成习惯。我可以从他们看对方的眼神、他们表达分歧的方式、他们的相互尊重中看到这种习惯的成果。他们之间有一种深沉的爱，这种爱是显而易见的，任何与他们相处过一段时间的人都能感受得到。

我为什么要在这里提到他们呢？我是要从他们的对话中直接提取一些可以提问你的伴侣的问题，还是要向你推销浴缸或红酒俱乐部会员资格？

当然不是。并不是美丽风景和按摩浴缸里的泡泡，也不是他们谈话的具体内容才让卡尔和乔埃塔的关系如此特别。让他们的关系如此牢固的是，他们已经把这种谈论关系的对话变成了一种惯例，一种他们经常带着快乐和热情去完成的维护关系的行为。在你们的关系中加入这样的健康习惯所带来的好处，我怎么强调都不为过。因此，简单地说，要尊重约会之夜。不管是一周一次还是一周五次，都把它变成一种习惯。

本书中的对话不是进行一次就可以抛在脑后的。建立亲密的联结是一种练习。我鼓励你们经常回过头来看这些问题，并通过这些问题组成的引导式对话来引领你们的对话旅程。你们的回应会发生变化，你越多地思考这些强有力的问题以及其他类似的问题，你和伴侣之间的联结就会变得越深刻。我鼓励你不要局限于本书所介绍的问题，而是利用你在这里学到的工具，丰富你的问题清单，为自己设计更好的问题。它们不仅会在你的亲密关系中很好地服务于你，也会在你生命中每一次与他人建立联结时为你服务。

让这本书成为你通过提出更好的问题来加深所有关系——甚至是你与自己的关系——实践的开端吧。

为自己提出更好的问题

回想一下本书的第一部分，那时我邀请你想象一天刚开始的那些时刻，聚焦于那些在你睡眼惺忪时进入你头脑的想法，然后意识到每一个想法其实都是你无意识地向自己提出的问题的答案。如果我们不断地向自己提出问题，那么提高这些问题的质量和深思熟虑的程度，难道不会为我们的生活增添价值、意义、目标和快乐吗？在面对那些更大的问题时，通过一些简单的方法来提高这些问题的质量，可以大大提高你的生活质量。

带着提高生活品质、加深对自己了解的目的，有意识地向自己提问，会让你的决策、精神探索和个人发展都更加容易，也更加与真实的你保持一致。

当我们问自己问题时，问题一般由三个部分构成：第一是时间框架，第二是它对你的影响，第三是它对他人的影响。

让无限变为有限

当你向自己提出一个大问题时，我建议你考虑的第一件事就是给这个问题一个明确、具体和有限的操作时间。当面对一个重要决定时，我们很容易掉入一个陷阱，认为这个决定需要永远适用。但请记住，没有什么是永恒的，一切都在变化。我们能做出的决定很少是永久性的，而在你问自己的问题中嵌入时间，就是承认这一宇宙的基本规律，同时也会减少决策的压力。

让我们来重新看看我和我的伴侣在人生关键时刻问过我们自己的一个问题吧。那时我们俩正在选择要把家安在哪里。随着我妻子怀上第二个宝宝，我们的家庭规模扩大了，因此我们问自己："我们想要住在哪里？"但正如我说过的那样，我们无法对这个问题给出一个清晰的答案，所以我们的问题又变成："明年，在宝宝6个月大之前，我们想要住在哪里？哪里可以支持我们为年幼的孩子创造一个有滋养和爱的环境，同时能激励我们为彼此付出更多？"

这个问题措辞的第一个变化是什么？

"明年，在宝宝6个月大之前……"

这是第一块拼图，当它被放好后，我们的决定就容易多了。我们不用为下半辈子的生活苦苦思索，努力搞清楚要在哪里扎下永久的根。我们只需要想一想，明年我们想去哪个地方，仅此而已。这样一来，思考起来就没那么费力了。

跟着感觉走

如果继续分解之前我们执着的问题："我们想要住在哪里？"我们就会将问题导向"……能激励我们为彼此付出更多"这一核心。这个问题的这一部分对我们很有帮助，因为它揭示了这个问题的潜在答案会直接影响我们的感受。在我们寻找新家的时候，我和伴侣开始思考我们希望在那个地方有什么样的感受。经过一番自我反思后，我们决定要让自己能感受到被启发，能感受到最有爱的自我。如同时间限制一样，这帮我们缩小了选择范围，让我们更容易找到答案，同时也帮助我们专注于思考我们想要一个什么样的家。提出一个更好的问题可以帮助我们做到这一点，而"我们想要住在哪里？"却做不到。

考虑涟漪效应

这是我们对问题所做的最后一次改动，它将引导我们找到舒适的家："可以支持我们为年幼的孩子创造一个有滋养和爱的环境。"

我们必须知道，问题的答案不仅会影响我们个人，如同我们生活中做出的其他选择一样，它也会影响我们身边的人。我们想要选择的地方能滋养我们的家庭，这就是创造更好的问题的最后一个方面：考虑它将对你的社区产生的涟漪效应，反之亦然（社区也会影响你）。

发展出你自己的问题

这些"拼图构件"不仅可以帮助你从零开始自主设计问题,你还可以根据自己的需要来打造问题,然后看看会出现哪些可能性。这样做更能为你赋能,也更令人兴奋,最重要的是,它让你处于主导地位。让我们来看几个例子。

"我应该找一份什么样的工作?"我想这是很多人都会问的一个问题,不管是找第一份工作还是找下一份工作。很明显,这个自我探寻的问题可以优化。首先,让我们给它加上一个时间范畴。也许把它换成"在我职业生涯的下一个阶段里,我应该从事什么样的工作?"会让你减少一些压力,只是下一个阶段,只是下一步,仅此而已。

现在我们在这个问题中加入优化问题的第二个元素——你对它有什么感受?"什么工作会激励我开启职业生涯的新篇章?"这个问题怎么样?还是把问题改成下面的某个选项让你感觉最适合:"在我职业生涯的下一个阶段里,最让我有激情的事情是什么?""在我职业生涯的下一个阶段里,什么最让我感到兴奋?""什么样的工作让我不敢去追求,但是会让我对职业生涯的下一篇章感到兴奋?""在我职业生涯的下一个阶段里,什么样的工作对我来说最具挑战性?""在我职业生涯的下一个阶段里,什么样的工作对我来说最具战略性?"你可以根据你对该工作的感受或它可能对你产生的影响，来替换形容词和想法。

现在，让我们把它对周围人的影响也加上去。在这个例子中，你可以将"什么工作会激励我开启职业生涯的新篇章？"调整为"什么工作会激励我开启职业生涯的新篇章，让我可以＿＿＿＿"。空白处可以填写："为我所在的行业做出最大贡献""在这个充满挑战的时代养家糊口""激励其他人和我一样去面对并处理那些我感觉当今时代应该被解决的最大挑战"。不管填的是什么，你都可以看到，加入问题对周围人的影响后，问题的答案会如何变化。你的大脑具有不可思议的寻找答案的能力，请确保为它提供要解决的精彩问题。

另一个示例问题："为什么我不能拥有想要的好状态？"这个提问方式显而易见会把你带向一条坎坷之路。你只能从这个问题中得到消极的答案。不要去问"为什么我不能拥有想要的好状态？"，我们可以通过加上时间范畴来给它一个新的视角，比如，"在接下来的三周里，我能做些什么来让自己有更好的状态？"通过添加"我能做些什么"，我们让这个问题更积极了，这样你就会开始着眼于行动。你还给了自己一个可操作的时间范畴——"接下来的三周"，你可以在这个时间内将想法落地。

现在让我们来改善和深化一下这个问题。"更好的状态"到底指什么？这个表达太宽泛了。让我们聚焦于它带给你的感受："在接下来的三周里，我能做些什么让自己感觉更有精神、更有活力？"现在，你就在特定时间范畴内，提供能够赋予你力量的解决方案和想法，而且明确地知道这个答案将会给你带来怎样的影响。

让我们再加上第三个层次，那就是它是如何影响其他人的。所以如果这个问题变成"在接下来的三周里，我能做些什么让自己感觉更有精神、更有活力，这样我就可以在陪孩子的时候更多地和他们一起玩耍？"或者"……这样我就可以带着孩子去徒步三个小时？"相比于之前的问题（"为什么我不能拥有想要的好状态？"），现在的提问可以让你接近一个更好、更明确和更有激励性的答案。现在的提问也具有赋能性，并切实可行，因为它有一个时间范畴，并且将你和其他人联结在一起，这会对其他人产生积极的影响。

再来看看第三个示例："我怎么才能从这一切中恢复过来？"当特别糟糕的事情发生时，这可能是你会尝试回答的问题之一。但如果我们把这个问题变成"一年后，我的精神和情绪健康会是什么样子的？"会怎样呢？这样我们就厘清了"从这一切中恢复过来"指的是什么——精神和情绪健康，并给出了一个时间范畴。我们可以挖掘得再深入一些。如果我们想要得到"这种精神和情绪健康在我身上具体会如何呈现"这个问题的答案，我们为什么不把问题调整为："一年后我会获得怎样的满足感和喜悦感？"

只是调整你对某些事情的感觉,就可以将你带去不同的方向。

现在让我们来加上最后一个层次——对他人的影响。刚才的问题可以变成"一年后,我要获得怎样的满足感和喜悦感,才能积极地支持我所爱的人?",或者"我该如何找到满足感和喜悦感,才能在一年后和经历类似困境的人分享我的经历?"。通过给问题一个时间范畴,我们可以让它更具体、更切实可行。通过表述它给我们带来的感受和它对他人的影响,我们既明确了可能的答案,也获得了坚持到底的动力。

这里的想法,就是带着玩耍的心态,去尝试和探索问题的这三个方面。继续用不同的可能性替换所有问题的这三个方面,然后看看哪个感觉最好,它会把你引向何方。你是否感觉比以前更有力量、更有主见和能力?这就是我所说的停止寻找答案,去设计更好的问题。在设计问题时发挥更多的创造力,你就会找到更强大、更能为你赋能的答案。

关键所在

练习向自己提出更好的问题,不仅能让寻找答案的过程变得更容易,还能从根本上改变你对生活的体验,以及你对周围世界的感知和表述。通过在问题中加入这样的思考,你会更清楚地意识到你的决定是如何影响你的感受的。这可以让你清楚地看到,在你实现、成长、扩展和深化自身的终生旅程中，什么对你有用，什么对你没用。它让你更自主地建构属于你自己的人生意义。在提问中将你周围的人考虑进去，会自然地引导你看到我们作为人类——这个生活在同一个星球上的同一物种之间的关联性。不断提醒自己，时间宝贵而有限，万物终有尽时，从而让你的思维与生命的自然流动同步。

所以，与其问"这是我想永远在一起的人吗？"，不如问"这是我想与之共度人生接下来几章的人吗？我可以和他/她一起踏上一段滋养彼此的成长和学习之旅，直到最后一章结束吗？"。后者才是一个值得骄傲的问题，一个尊重你内在真相、你伴侣的内在真相和宇宙真相的问题。因为所有的篇章都会结束。生命中唯一不变的就是变化，而唯一确定的就是有一天我们都会死去。然而，我想不出还有什么方式，比有意识地与我们共同生活的人建立亲密、充满活力和有意义的联结，能让我们更好地度过我们在地球上的时光。去这么做吧——全然地、勇敢地、毫无保留地去做，这样的人生才值得。它甚至能让我们在面对万物终结的现实时，感受到甜蜜和美好。

最后的思考：人与人的联结是普适性的

1995年，我极其有幸地拜访了两个生活在亚马孙雨林深处的土著部落。我在阿苏里尼（Asurini）和阿拉维特（Araweté）两个部落生活了两周时间，在那之前，西方文明只在 1979 年和 1981 年和他们有过接触。在阿苏里尼部落的某个晚上，我被邀请参加一位即将走到生命尽头的老者的疗愈仪式。我从一顶大帐篷的入口往里看，一个几乎能容纳 20 人的空间里弥漫着浓烈的烟草味和烟雾。帐篷的中央有一个燃烧着的火堆和一位萨满。萨满身边是一位躺在吊床上的骨瘦如柴的老妇人。你几乎看不清她的样子，只能看到她那双发光的眼睛在反射着火光和周围的景物。她的家人以同心圆的方式围绕着她。从与她同辈的其他长者开始，一直延伸到她的孩子，现在他们都已长大成人，有了自己的伴侣，她的孙辈分散在帐篷边缘，似乎对即将发生的死亡一无所知。当萨满唱着歌，进行着仪式时，我被这位老妇人凝视着她的朋友和子孙的眼神所吸引。这就是她在过往岁月中形成的社群。虽然她已经虚弱得不能动弹和说话，但她看着他们的眼神里闪烁着明亮的光芒。我清楚地看到，她在生命最后的时刻找到了平静，甚至是快乐，因为她在一生中与她所爱的人建立了联结。我们当中有多少人走向死亡时会有这样充满爱的过渡？我们又有多少人会看到我们的关系以这样优雅和善意的方式向未来延伸？

人际关系的重要性是具有普适性的，它超越了文化，甚至超越了时间。建立这样的联结是我们能给对方和自己的一件永恒的礼物。我们的故事与我们最亲密的人的故事交织得越紧密，我们就越快乐和健康。而简单的交谈，分享彼此的故事，也是一剂良药。

你的人生经历塑造了哪些礼物，让你可以将它们分享给他人？在我的生命中，我得到了许多礼物，我也试图用我微薄的力量将它们传递给你们。我父母的离婚、我对亲密关系漫长而艰辛的追求、无数次目睹人们分享彼此的脆弱、{THE AND} 对话给我的生命带来的欢乐与学习体验，这些都是生命赋予我的礼物。我现在把它们化作故事（有可能的话化作良药）在这里献给你们。搜索你的过去和当下，展望你的未来，寻找属于你自己的礼物。哪些人生经历赋予了你哪些现在可以与他人分享的礼物？尽可能多地将它们传递给身边的人。如果我们这样做，这个世界将成为一个更有爱的地方。

最后，不要害怕痛苦或不适。拥抱它，尤其是和你爱的人一起拥抱它。爱是一种练习。如果我们不踏入彼此的空间，又怎能沉浸其中呢？

附录：进一步的问题

问题 1：你最喜欢哪三段我们共同拥有的回忆？你为什么会怀念它们？

- 你第一次知道我爱你是什么时候？
- 你第一次知道你爱我是什么时候？
- 为了我们的爱情，我做过的最疯狂的事是什么？
- 如果不是因为我，有什么事是你原本永远都不会做的？
- 假如我因为某种原因失忆了，你要告诉我的第一件关于我们的事是什么？

问题 2：你对我的第一印象是什么？它是怎么随时间改变的？

- 你认为，在我看来我们第一次见面是怎样的？
- 如果你能回到我们第一次见面的时候，关于和我的关系，你会给自己什么建议？
- 你认为我们第一次见面时我印象最深的是什么？为什么？
- 你认为什么对我的影响最大，什么让我为这段关系做好了准备？为什么？

问题 3：你在什么时候感觉和我最亲近？为什么？

- 你觉得是什么把我们联结在一起？
- 你觉得我们关系中的独特之处是什么？
- 是什么让你我成为今天的我们？
- 你最喜欢我的什么缺点？为什么？
- 我不自知地做了什么让你很喜欢的事情？
- 我做什么会让你更爱我？

问题 4：你会犹豫开口询问我什么问题？为什么？

- 你觉得我会犹豫开口询问你什么问题？为什么？

- 你觉得我会犹豫告诉你什么事？为什么？
- 你从未向我说过的你最担心的事情是什么？
- 你觉得我们一直回避谈什么事？为什么你会有这样的想法？

问题 5：目前我们的关系中最大的挑战是什么？你认为它正试图教给我们什么？

- 你认为我们的关系中哪里还有成长的空间？
- 在你看来，我能做些什么来改善我们的关系？为什么？
- 你认为我们关系中缺失了什么？我们可以为此做些什么？
- 作为夫妻，我们最近遇到的最大挑战是什么？在克服它的过程中，我们对彼此有了怎样的了解？

问题 6：你觉得自己的哪些牺牲没有被我认可？为什么你会认为那是牺牲？

- 什么时候我最让你失望？你现在回想起来是什么感觉？
- 什么事是我未曾看到或理解，但对你来说是很艰难的？
- 什么事是你感觉我到现在都没有理解你的？为什么？
- 你需要我做些什么？我目前有做吗？

问题 7：你希望能帮我疗愈哪些伤痛？为什么？

- 你什么时候最担心我？为什么？
- 你看到我反复犯了什么错误？为什么？
- 我怎样才能从我所经历的痛苦中恢复过来，无论是和你在一起，还是没有你？
- 哪段经历是你希望我从未有过的？你认为它教会了我什么？

问题 8：哪段经历是你希望我们从未有过的？为什么？

- 在你看来，对我们影响最大的经历是什么？为什么？
- 你认为我们最回避的事情是什么？我们可以做些什么？
- 你最近一次想要结束我们的关系是什么时候？为什么你没有这么做？
- 我们最糟糕的一次争吵是什么？它如何教会了你爱我？

问题 9：你认为你正在从我身上学习什么？

- 我怎样改变了你？
- 我什么时候最让你钦佩，而我自己却不知道？
- 你认为我为什么会出现在你的生命里？
- 今年你对我有了哪些新的了解，让你更加爱我？
- 什么是我拥有但不自知的"超级能量"？

- 你什么时候见过我最脆弱的样子？这让你对如何爱我有了怎样的领悟？

问题 10：什么事是你迫不及待和我一同去体验的？为什么？

- 你对我们未来五年的发展有什么憧憬？
- 如果你能为我许一个愿望，你会许什么？为什么？
- 如果你能满足我们的三个愿望，会是什么？为什么？

问题 11：如果这是我们最后的对话，你希望我永远不会忘记的是什么？

- 你认为我需要听到什么？为什么？
- 你认为目前生活正在教给我什么？为什么？
- 你认为命运为什么让我们走到一起？

问题 12：你为什么爱我？

- 我的爱让你有什么感觉？
- 你感觉我有多爱你？
- 你觉得我的爱最美好之处在哪里？
- 你觉得我的爱有什么特别棒的地方，而我却不自知？

致谢

首先,也是最重要的,我要衷心感谢所有 {THE AND} 对话的参与者。我和我的团队创造了空间和平台来倾听并分享你们的故事,但归根结底,是你们勇敢地站了出来,与我们分享你们的脆弱和关系。没有你们,就不会有 {THE AND} 项目和这本书的存在。你们是这个项目成长的根本与核心,也是所有学习成果的源泉。衷心感谢你们。

感谢所有与我一起建立 The Skin Deep 体验设计工作室的人们。他们不仅贡献了自己的时间,还倾注了大量的心血,这里实在无法列出所有人的名字,他们包括:Nicholas D'Agostino, Julia Gorbach, Carla Tramullas, Chris Mcnabb, Dane Benko, Meriem Dehbi Talbot, Nazareth Soberanes, Candice Frazer, Heran

Abate, Alison Goerke, Alvaro Garza Rios, Anndi Liggett, Ashika Kuruvilla, Bojana Ceranic, Chelsea Weber, Fernando Espinosa Vera, Kat Hennessey, Rosie Gardel, Grace Larkin, Hans Leuders, Jaydin Lopez, Levy Toredjo, Melanie Rosette, Nick Dunlap, Paige Polk, Rebecca Diaz, Sydney Laws, Julian Dario Villa, Tyler Rattray。对于你们长期的工作和克服的挑战,对于你们的贡献和承诺,我深表感谢。

感谢 Nathan Phillips, Lior Levy, Jeremiah and Noemie Zagar, Jacob Bronstein, Richard Tripp, Christian Contreras, Jun Harada, Mike Knowlton, Mark Harris, Lindsey Cordero, Anthony Cabraal, Armando Croda, Justin Thomson, Tracey Smith, Adrian Belic, Jarrin Kirksey, Brian Fountain, Peter Riedel, Camillia BenBassat, Tricia Neves, Thomas Droge, Kevin Courtney, Lilianna Legge, Rich Bodo, Andrew Hoppin, Gabriel Noble, Marjan Tehrani, Paola Mendoza, Michael and Martha Skolnik。感谢你们多年来为 The Skin Deep 工作室及其所有项目提供的宝贵意见和做出的贡献。你们的心和你们的洞察力一样宽广。我非常感谢你们在过去 10 年的旅程中为我提供这两方面的帮助。

从我 24 岁成为电影制片人起,在我 23 年的人生历程中,有很多人一直支持着我。在我最需要的时候,他们给了我经济上的支持;在我必须听取意见的时候,他们给了我严肃的建议;在我不知何去何从的时候,他们给了我一个寻求慰藉的地方。他们是:Kristoph Lodge, Ersin Akarlilar, Ben Edwards, Santiago Dellepiane, Shoham Adizes, Dana and Danny Gabriel, Jonathan Price, Adam Somner, Carmen Ruiz de Huidobro, Ivan Saldana。你们对我的坚定信念是我战胜各种怀疑和挑战的支柱,没有你们的支持,我所设想的一切都不会实现。感谢你们成为我的支柱。

感谢我的导师们:Tom Sturgess, Donny and Jackie Epstein, Nathaniel D. R., Tamahau Rowe, Pekaira Rei, Ramses Erdtmann。即使在我迷茫时,你们也依然为我照亮前路。你们拓展了我的视野,让我知道什么是可能的,以及如何得到它。最重要的是,你们教会了我宝贵而不易的一课,让我明白了生而为人,为更伟大的事物奉献自己的全部意味着什么。

感谢我们的出版团队:设计师 Tony Ong,制作编辑 Isabella Hardie,实习生 Melat Ermyas,出版商 Jen Worick,你们让这个过程成为绝对的快乐。还有 Jill Saginario,你是这个项目出色的编辑,你坚定的态度一直是这次旅程的支柱,不断推动我们朝着预想目标前进。Ben Grenrock 对本书文字的贡献和对书中思想结构的阐述非常宝贵。谢谢 Zander Blunt 对本书所呈现的观点和沟通方式的不断追问。谢谢 Juan Jorge García Mendez 在过去 10 年为我提供了一个美好、安静的空间,让我可以潜心自己的工作并撰写本书。还要感谢 Eric Raymen,她是我的文学律师和我在出版界经验丰富的向导。

谢谢索尼娅·蕾妮·泰勒为本书写的推荐序，感谢你的优美的文字，以及你在过去 6 年中和我分享的你的生命故事。我尊敬的不仅仅是你的经历，更重要的是这些经历中所蕴含的爱和信念。我们是灵魂上的兄妹，我珍惜每一次我们分享生活点滴的时光。

感谢我的父母和兄弟姐妹，谢谢你们真实地做自己。特里亚、伊查克、尼里、肖恩、阿达利亚、尼姆罗德、卡南、萨菲拉，你们塑造了我的家庭，也塑造了我，我来自我们共享的那个亲密空间。感谢我妻子的墨西哥家人，你们用最温暖的真心无比慷慨地接纳了我，让我永远都会因为成为这个家庭的一分子而感恩和幸福。

最后也是最重要的，感谢伊卡里，我的终身伴侣，你是我这一生遇到的最大美好。万物都因你的爱而绽放。谢谢你教会我亲密的基本经验，并不断和我一起练习爱的艺术。对于我的两个孩子科斯莫斯和利拉·奥希阿纳，我希望有一天当你们踏上自己的亲密、爱和联结的探索旅程时，这本书能够对你们有所帮助。